建築家／起業家
谷尻誠
TANIJIRI MAKOTO

CHANGE

未来を変える、
これからの働き方

JN197706

X-Knowledge

どうしたら楽しく働けますか?

まずは周りの人を
楽しませること

〝働く〟って
ハタをラクにすること、
なんです

コミュニケーション下手を解消するコツは？

まずは励まし上手に なってみて

はじめに

谷尻誠

とにもかくにも右も左もわからない状態のまま、僕は26歳で設計事務所を始めてしまいました。

もともと独立願望はさほどなく、楽しく働ければそれでいいと思っていましたし、雑誌を開けば、建築の大学を卒業後、アトリエ事務所に勤務して、その後、独立をされている方ばかりが目にとまり、それに比べ勉強をたいしてすることもなく、遊びを優先してきた僕ではとうてい無理だと勝手に決め付けて、自分の過去の行動の後悔ばかりしていたのでした。

誰かと比べれば、どう考えても自分が劣っていることはいうまでもなく、そのころは建築の大学に行かなければ上手くいかないものだと、諦めている自分がいました。

それでも何とか自分の人生を変えたい、変わらなければという思いが、心のどこかにありました。せめて、今いる設計事務所で何とか技術を身に付けて、自分の好きなデザインの建築をつくれるようになりたい。それが、25歳の時の僕の目標でした。

1年後、不景気のあおりを受け、事務所の給料もままならない状況が続き、辞めざるを得なくなり、仕方なく自分の事務所をつくったのでした。

正直に言えばその時は設計が主題というよりは、この1年は自転車のレースに行く年にしようという目的で、自由に時間を使えるようにしたかっただけでした。

ただただ生活するだけのお金をなんとか稼ぎ、気ままに働く、そんな日々が過ぎていたある日、自宅で友人を集めて誕生日を祝う日に、来るはずの後輩がいつまでたっても到着せず、連絡も取れないことがありました。

そのまま夜更けまで友人達とお酒を酌み交わした翌朝、ニュースで後輩が事故で亡くなったことを知りました。一人っ子だった僕に、まるで弟がいるかのように、その後輩は週のうち3〜4日はごはんを食べに我が家に来ていたので、目の前にある事実を受け入れることができませんでした。

それからというもの、何も手に付かない日々が続き、毎日のように事故現場にお参りに行っていました。

それを見かねた施工会社社長の江角さんが、夜、食事に僕を連れ出してくれました。その時、言われたのは、「彼は死をもって、これ以上辛いことはないとおまえに教えてくれたのだから、だからそれを無駄にしないようにおまえは頑張るべきなんじゃないのか」という言葉でした。

確かに、このできごとに比べれば、きっとあらゆることは苦しくても乗り越えることができそうです。

そう言われた翌日から、まるで天からのお告げかの如く、いろいろな仕事の相談が訪れたのでした。

後輩からとにかく頑張れと言われているようで、どうせならば、何となく仕事をするのではなく、自分自身が意味を感じて仕事をしていくべきなんだという信念がその時に芽生えました。

彼のおかげで、僕は仕事への向き合い方のみならず、人として、もっと変わらなければならないことに気付かせてもらいました。

一時的に大変だったことも、今では、大きく変わるために必要だったのだという思いとなりました。

誰しも今のままでは嫌だったり、物足りなかったりという思いはあると思います。そんな時、何かのきっかけや、背中を押してあげることのできる本になればと思い、この本をつくりました。

他者や物事を変えることよりも、自分が変わること、とても大変だけれども、それが自分の人生を豊かにすることだと今の僕は心からそう言えます。

この本を手に取って頂けたこと、本当にありがとう。

SUPPPOSE DESIGN OFFICE Co.,Ltd 〈サポーズデザインオフィス〉はこんな会社です

WHAT's SUPPOSE?

谷尻誠と吉田愛が共同主宰する建築設計事務所。

谷尻・吉田を中心として設計スタッフとともに住宅、オフィス、店舗、公共建築などの建築設計・インテリアデザイン・リノベーションを行う。アート分野でのインスタレーションやプロダクトデザイン、グラフィックディレクション、デザインコンサルティングなどにも取り組んでおり、従来の“建築設計事務所”の枠を飛び越えて活動している。広島と東京に事務所を構えており、広島事務所では多彩なゲストを招いて行うトークプロジェクト「THINK」をほぼ毎月開催。東京事務所では併設された食堂〈社食堂〉にてエキシビションや食にまつわる体験型イベントなどを企画開催している。

ESTABLISHMENT 2000年

2000年　広島で設立
2008年　東京事務所を開設
2017年　社食堂を開業、絶景不動産・21世紀工務店を設立
2018年　BIRD BATH&KIOSK を開業
これまでに携わったプロジェクトは400に迫り、住宅だけでも100作品以上。進行中のプロジェクトも100を超える。代表作は〈hotel koe tokyo〉、〈ONOMICIH U2〉、〈関東マツダ目黒碑文谷店〉、〈BOOK AND BED TOKYO〉、〈New Acton Nishi〉など。
食堂や不動産、工務店、家具製作、アプリ制作、ホテル運営など、さまざまな分野で仕事を立ち上げている。

NUMBER OF EMPLOYEES　44名

2019年7月現在、設計事務所のスタッフは40名（谷尻、吉田ほか、東京事務所16名、広島事務所22名）。社食堂スタッフ4名

DATA

広島事務所　広島県広島市中区舟入本町15-1
東京事務所　東京都渋谷区大山町18-23 B1F

https://www.suppose.jp/
問い合わせ　tel 082・961・3000　mail@suppose.jp

社食堂　東京都渋谷区大山町18-23　B1F　tel 03・5738・8480
BIRD BATH & KIOSK　東京都千代田区一番町23-3　一番町ビルB1F
絶景不動産　https://zekkeisite.com
21世紀工務店　http://21-con.com/

目次

第2章 仕事のセンスは磨けますか？
——アイデアひらめき体質になるために。……52

第3章 人を動かすコミュニケーション術とは？

取材・文・構成 輪湖雅江
写真 長野陽一（P.2～5／各章とびら／P.41／P.183／P.185／P.202～203／P.223）
矢野紀行（P.147／P.207／P.209／P.211／P.212）
デザイン 水戸部功
DTP 村上幸枝（Branch）
編集 別府美絹

第1章

今の仕事、楽しいですか？

——働く理由と出合う。やりがいを見つける。

仕事がつまらないと悩んでいる人、
もっとやりがいを見つけたいと願っている人へ。
今の仕事を楽しくするためのヒントと
仕事の不安を解消するための、脳の使い方を
谷尻さんが教えます。

1 「働く」とは傍をラクにすること

今の仕事がどうしても楽しいと思えない。自分で選んだ仕事のはずなのに実は合っていない気がする。同世代のみんなは働くのが楽しいのだろうか。仕事で自分が生かせているのだろうか。もっと自分にふさわしい居場所がどこかにあるのじゃないか。

そんなふうに悩み、自問自答している人が多いと最近よく聞きます。端的に言えば、「働くことにやりがいを見い出せない」「やる気が起きない！」ということですよね。おそらくその根本にあるのは、「仕事って何？」ということでしょう。僕もよく聞かれます。「谷尻さんにとって〝働く〟とはどういうことですか？」と。

答えを先に言ってしまうと、僕にとっての「働く」は、傍（ハタ）をラクにすること。傍、つまり、まわりのみんなを楽しくすることが、仕事をする目標であり喜びであり、もっとも大きなモチベーションの源です。

こう思うようになったのは5年ほど前。ある時、「人はどうして笑うのか」と考えていて、「笑いって自分の内面からは生まれないものなんだ」と気付いたのがきっかけでした。自分ひとりしかいなかったら笑いは起こらない。まわりで楽しいことが起きてみんなが笑っている時、それを見て共有できて初めて自分も笑っている。だから、自分が笑いたかったら、まず人が笑う状況をつくればいい――そんな発見の延長線上に「ハタをラクにする」という思いが生まれたんです。

「ハタ」は家族や友人、仕事仲間やスタッフはもちろん、僕たちがつくったものに関わる人すべてです。僕たちが設計した住宅の住み手、僕たちが開いた食堂や店に来てくれるお客さん、ホテルを訪れる宿泊客、僕たちが出た雑誌などのメディアに興味を持ってくれた人。みんながハタ。そんなハタたちに何を提供したら楽しんでもらえるのか、どうしたらハタをラクにできるのか。それを考えれば、働く姿勢はおのずと決まります。

家を設計する時は住む人が楽しく暮らせることを第一に考えるし、家族や仲間をラクにするためには、きちんとお金を稼げる仕組みを考えなくちゃいけない。メディアに出たりインタビューを受ける時は、それを読んだり見たりする人の役に立つようなことをひとつでも多く言ったほうがいい。そういうことをつらつらと考え続けることが、実は仕事の本質なのかもしれませんね。

ところで、この間、「谷尻さん、そんなにあれこれ仕事ばかりしていて、気持ちが休まる時間はあるんですか？」「何も考えないでボーッとする時間はあるんですか？」と聞かれました。いやいやいや、ちょっと待ってください、それって「考える＝気持ちが休まらない」というマイナス前提ですよね。僕にとって、考えることは心がやすらかになる楽しいこと。考えて考えて考え抜いた末にいいアイデアを生み出せた時なんて、これほど興奮することはほかにないくらい楽しい。

それに、考えるといっても、根をつめてしかつめらしい顔をしてばかりいるわけではありません。こんな空間をつくったら楽しいかな、あの人と組んだらおもしろいかな……と、考えをゆらゆら漂わせているだけのこともむしろ多いんです。

先ほどの質問に答えるならば、もちろん、何も考えずにボーッとしている時はあります。けれど、考えている時だって同じくらい気持ちがいい。ましてや、大事な人たちをラクにすることを考えるのは、このうえない幸せです。働くことはハタをラクにすること。それは自分もラクにすることなのかもしれません。

2

「漂流グセ」を付ければ、仕事はもっと楽しくなる

決して忙しぶっているわけではないのですが、ウチの事務所では現在、100とか150の案件が同時に進んでいます。設計中の案件、施工を行っている建築や住宅の仕事、コンペに向けて企画を考えているプロジェクト、ほかにも、雑誌の取材や打ち合わせ、イベントや講演などがあって、スケジュール管理はまあまあ大変です。

どうやって管理しているのか？　自分では管理していません。事務所のスタッフが随時更新してくれます。僕はプライベートな用事が決まった時点でスケジュールに書き込んで「ここには仕事を入れないでね」とブロックするだけ。

仕事のスケジュールは人に決めてもらったほうがいい――というか、人に託したほうが断然おもしろい。つまり、全部自分でコントロールできてしまったら毎日がつまらなくな

るし、おもしろいものにも出合えないことが、最近になってやっとわかったんです。

例えば、「今夜、飲みに行こう」と誘われたとしましょう。自分ひとりのジャッジだったら行かなかったはずなのに、強引に引っ張られて行ってみたらこれが結構おもしろかったという経験は、誰にでもあると思います。自分だけの好みや気分で決めてしまわず、ある程度、人の判断やその場の流れにまかせてジャバジャバと「漂流」してみると、意外とワクワクするものだと思うんです。ひとりで海外旅行をしている時のように目的地だけ決めておいて、あとは行った先々で考えていくというような。そう、「漂流グセ」を付けると人生はだいぶ楽しくなるし、ラクにもなります。

実は住宅の設計もまったく同じです。予想できていることの連続だとあまり感動できない。「住んでみて初めて、この窓から月が見えることに気付いたんです」「家の中のどこにいても、子どもの声が聞こえてきて安心する」というような、意外な発見がある家のほうが楽しいし、それが豊かな家の条件だといってもいいくらい。どんな仕事でもいっしょだと思います。

漂流グセを付けると「伸びしろ」ができる。伸びしろが増えると、仕事を楽しくするきっかけも増えるはずです。

3 仕事の不安は仕事で解消。頼られて伸びるタイプになる

「ライナスの毛布」という言葉を聞いたことがあるでしょうか？

漫画スヌーピー（チャールズ・M・シュルツ著『ピーナッツ』）に、ライナスという幼児が出てくるのですが、彼がいつもギュッと握りしめているのが、赤ちゃんの時から使い続けてきた毛布。この毛布がないと眠れないし、この毛布さえあればどんな時も安心できる。「ライナスの毛布」別名「安心毛布」は、そんなエピソードから生まれた心理学用語です。個々の人間にとって精神安定剤的な存在のことを指すそうで、例えばぬいぐるみだったり、セーターだったり、あるいは音楽だったり……自分自身を安心させるお守りみたいなものですね。

さて、僕にとっての「ライナスの毛布」は、仕事です。仕事があることが、生きるうえ

でいちばんの安心材料。なぜなら、仕事を依頼されるということは、世の中に自分を必要としてくれる人がいるんだな……ということの証だから。言い換えれば、僕は「頼りにされたい」んです。自分に存在価値があるかどうかを確認し続けたい。その答えをわかりやすく教えてくれるのが仕事なのだと思います。

よく「褒められて伸びるタイプ」「叱られて伸びるタイプ」と言うけれど、僕は「頼られて伸びるタイプ」ですね。逆に仕事への不安があるとしたら、それは「仕事がなくなる」ことでしょう。

・・・・・・

僕は高校で勉強をせずバスケにばかり熱中していたため、いざ卒業する段になったら進路がまったく思い浮かばなかったんです。バスケのスポーツ推薦で大学に行くこともできましたが、それはしっくりこない。でも、そのまま就職するのもためらわれて、ぐずぐずと迷っていた。そんな時に偶然知って興味をもったのが、『ツルモク独身寮』（窪之内英策・著／小学館・刊）というマンガに描かれていたデザインの仕事。このマンガがきっかけで、設計とデザインを学ぶ専門学校に入り、その後、学校の先生の紹介で地元の設計事務所に就職しました。

ところが、建築設計事務所といっても思い描いていたデザインの仕事ではなく、手掛けていたのは主に建売住宅。会社員として5年間働きましたが、何だか自分に合っていないというか、正直なところ退屈に思える瞬間が何度も訪れて、自分から辞めました。その後、華やかに見えた店舗設計や空間デザインの会社を受けたけれど、落ちてしまった。20代前半で早くも無職ですから、「仕事がない」が身に染みているんです。

知人に紹介してもらい、地元広島のデザイン会社でアルバイトをしている間に、「建築家」という人たちと接する機会が増え、なんとなくですけれど「いい職業だな、素敵な仕事だな」と憧れ始めました。昔、実家の倉庫だった部分を父といっしょに1年以上かけて自分の部屋にしたことがあり、その体験もどこかで関係しているかもしれません。とはいえ、ものごとはそんなに簡単に進むわけもなく、不況の影響もあってまた無職。腹をくって建築家として独立したのが26歳の時でした。

実績もなく経験も少ないですから、設計の依頼がひとつもない時期が多く、昼は前から興味があった自転車レースに出場するための練習をし、夜は焼鳥屋でアルバイト。時々、知り合いのつてで店舗の設計を受けたりしながら、少しずつ経験を積んでいきました。

・・・・・・

何度思い返しても不思議なのですが、建築やデザインの仕事はなくても、アルバイトをしていたので不安はありませんでした。生活するためのお金を稼げていることに加え、ちゃんと人に必要とされ、誰かの役に立っているという実感があったから。

今でも、つまらない仕事に就いたり、心がくじけそうなほど嫌いな人といっしょに仕事をしたりするぐらいなら、おもしろそうなアルバイトをしたほうがいいと本気で思っています。今までとは違うタイプの人と知り合えるかもしれないし、未知の能力が発揮されるかもしれない。いったん仕事に就くと、「これで生きていくべきだ」と決め付けてしまう人も多いと思いますが、そんな決まりはどこにもありません。自分で責任を取れるならば、仕事はいつでも選び直していい。

仕事さえあれば、お金も手に入るうえ、頼られているという安心感だって得られます。僕の「ライナスの毛布」は仕事——共感してくれる人がいるとうれしいのですが。

4

「違和感」を大切にする。仕事が好きになるナイス・ミスマッチ

社会の中で仕事をしていると、いろんな価値観をもつ人と出合う。そうすると、どうしても「矛盾していること」や「違和感があること」を怖れてしまいがちです。いろんな人の価値観を、矛盾なくスムーズにまとめることが、社会生活を送るうえで快適なことだと思われているからです。

矛盾や違和感といった異端分子を取り除くことが、心穏やかに過ごすための約束手形だというわけです。でも本当にそうでしょうか?

僕が仕事をするうえでいちばん大事にしていることは、まさにその「違和感」です。今の時代、おもしろい仕事が生まれる場所には、必ず矛盾があります。ひとつの価値観におさまっていないものほど仕事の突破口になる。矛盾していることは、ものをつくるうえで

の素晴らしい道しるべになるのです。

・・・・・・・

ですからウチの事務所では、「矛盾したコトバを考える」ということをみんなでよくやっています。レクリエーションみたいなものですが、例えば「懐かしい未来」というようなフレーズを、思い付きでいいのでつくっておくんです。そして、いざ何かの建築物を設計する場面になった時に、そのフレーズを出してくる。「人はどういうところに懐かしさを感じるのか」「どういう時に未来を思うのか」という、ふたつの相反する感覚を融合させながら空間をつくるんですね。すると、重層的で深みのあるものができあがる。「懐かしさ」という一方向だけでつくったのでは、世の中にたくさんあるレトロな空間のうちのひとつにしかならない。ちっともおもしろくないんです。

また、矛盾したコトバを組み合わせるという行為によって、コトバの意味や価値観を180度変えることもできます。

「明るいリビング」「広い庭」「心地いい窓辺」――これだと普通ですよね。「明るい」「広い」というプラスのコトバをそのままの意味で組み合わせただけなので、ひっかかりはない。脳みその中をするりと通り抜けていきます。でも「暗い」「狭い」「歩きにくい」「面倒くさい」「傾いている」「形がおかしい」など、マイナスな言葉をどう変換したらプラスにできるのか考えるのは、おもしろいと思いませんか？　「歩きにくい窓」だったら、マイナスというよりも「それ、何？」と興味のほうが勝つ気がする。

今どきの住宅設計において、狭小敷地や変形敷地はスタンダードといっていいくらいよくあるケース。そこをいかにプラスに変えていくかに建築家の手腕とセンスが現れます。マイナスのコトバをプラスに変換する能力は必ず役に立つんです。

・・・・・・

別の言い方をしてみましょう。「世界」はみんな知っていますよね。「クッキー」は？　これも知っているはずです。じゃあ「世界クッキー」は？──「えっ、世界クッキーって何？」となりますよね。

この「世界クッキー」は、ある人気作家さんと対談をした時に教えてもらったコトバですが、住宅に置き換えれば、いくらでもできる。それこそ「住宅クッキー」でもいいし、反対に、すでに聞きなじみのあるコトバの矛盾を見つけるのもおもしろい。例えば「公共住宅」。そもそもプライベートな住宅と、パブリックな「公共」を組み合わせる発想はどこから生まれたんだろう、と。パブリックなプライベートって何だろう、と。

こういうふうに、普通なら出合わないはずのもの同士が出合うと、新しいものが生まれやすい土壌ができる。いってみればナイスな違和感。その違和感こそが、停滞している考えを刺激し、ものごとを飛躍させるジャンプ台になるんです。だから、〝ナイス・ミスマッチ〟を見つける脳みそを、普段からゲーム感覚で鍛えておくといい。建築に限らず、これからの時代のものづくりをめざす人に絶対必要な脳みそだと思います。

5

「なぜ」を3回繰り返すと、悩みの本質が見えてくる

今、いちばん悩んでいることは何ですか？

「仕事がおもしろくない」というぼんやりした悩みから、「今の仕事が自分に合っていないのではないか」「ほかにもっとふさわしい場所があるのではないか」という、転職や離職も視野に入れた悩みまで、現代社会の中で働いていれば悩みはついてくるもの。なくなることはありません。

そもそも、人間は悩む生き物。そして、放っておくと悩みや不満を見つけてしまう生き物です。便利を手に入れたとしても、どういうワケかその中にある不満を探し続けてしまう。いわば宿命ともいえますが、実はそれこそが進化の原動力であり、永遠に満足しない生き物だからこそ、さまざまなものを生み出してこれたんですよね。

と、話が大きくなりましたが、ともかく人間は悩むものである……とまずは自分に言い聞かせてください。次にどうしたらいいか、それは原点に戻ることじゃないかと思います。楽しく仕事をするためのキホンは、原点に帰ること。なぜなら、誰だって最初は仕事に希望をもっていたはずですから。

・・・・・

「今の仕事は自分に合っているのか」というような悩みがいったん生まれてしまうと、「こっちの選択肢のほうがお金がいい」「でも、将来性が見えない」「あっちの選択肢のほうがやりがいがありそう」「でも給料も少ないし体力的にキツいかも」というように、自問自答のドツボにはまってしまいがちです。

そんな時に自分を助けてくれるのは、いろんな条件を取り去った状態の自分の素直な気持ちではないでしょうか。そして、素直な気持ちを見つけるためには、自分の心の中で「なぜ」を3回以上繰り返すといい。だまされたと思ってやってみてください。例えばこんな感じです。

「最近仕事が楽しくない。何だかおっくう。↓　なぜ？　↓オフィスで過ごす時間が苦痛。↓　なぜ？　↓　上司のAさんが仕事に口を出してくるのがイヤ。小さなミスをねちねち追求されるのもイヤ。↓　なぜ？　↓　それならAさんがいなければ問題は解決する？↓　というより、それをみんなに見られるのが苦痛なのかもしれない。↓　なぜ？　↓（もしかして私のプライドの問題？）」

この場合のもやもやの解決策は、単純にミスをしないよう心がけるとか、Aさんに面談を申し込んでみるとか、わりと小さなことだったりもするでしょう。でも、その「小さなもやもや」は、意識しないと自分では見えづらい。知らないうちに心の中にどんどんたまっていって、本当に好きなことや進みたかった道を覆い隠してしまいます。

定期的に自分の中で「なぜ」を繰り返し、小さなもやもやを、そのつど晴らすようにするといいと思う。このプロセスを重ねることで、やりたいことや歩き続けるべき道を見失わずにすむはずです。

・・・・・・

ついでにいうと、おそらく心当たりのある人も多いと思いますが、本当に悩んでいる場合と、ただ悩んでいるのが好きというか、悩むこと自体が目的になっている場合もあると思うんです。そう、「アイツ、悩んでいる自分に酔ってるだけだよな」と言われてしまうタイプ。

そうならないためには、とにかく何かしらの行動を起こすことです。行動しなければ答えは絶対に見つからない。「〝なぜ〟を繰り返すプロセス」をやってみる。悩みを紙に書き出してみる、誰かに話してみる。仕事を始めたころの楽しかった写真を見る……なんていう小さなことでもいいでしょう。頭の中ではなく行動することで見えてくるものはあるし、行動しながらでも考えは修正できる。

それこそ、会社がイヤならば夜だけとか週末だけアルバイトをしたっていいと思います。「会社で禁じられているから」「バレたら辞めさせられる」などと言って行動しないのは、自分への言い訳でしかありません。言い訳をつくれるということは結局悩んでいないのといっしょ。本当に悩んでいるなら、禁じられていても何でも試してみればいいじゃないかと思っています。

6

分析グセを付けると脳がクリアになる。過去の自分に感謝！

先日、飛行機の中で、ギレルモ・デル・トロ監督の映画『シェイプ・オブ・ウォーター』を見たんです。そうしたら、見終わった後に残像や記憶として残ったのが、ストーリーでも登場人物のキャラクターでも演技のすごさでも音楽でもなくて、ただただ「緑色」だった。約2時間の間、人間とクリーチャーの絆からバイオレンスにロマンスまでさまざまな映像と情報が押し寄せてきていたはずなのに、まず「緑色」が強烈に刻まれるんですよ？　この作品は何より「緑色」として記憶に残る映画なんだと気が付いて、すごいものを見てしまったな、と震えました。

さて、その次に僕がどうしたか。即座に、なぜ「緑色」ばかりが刻まれたのかを、今観た映画の内容をたどりながら分析し始めました。我ながらどこかヘンだなあとも思いますが、たぶん映画を反すうする過程で得た「緑色」のヒミツは、これからの建築のつくり方にも影響するでしょう。

例えば僕が、光の美しさをコンセプトにした建築を建てることになったとします。この建物を訪れた人が、空間内部を隅々まで歩き、さまざまなディテールや機能を見てなお、「いろいろあったけど、この建築は光なんだ」と強烈に意識する——そんな建物をつくるためには何をしたらいいいか。そのヒントを得たわけです。

・・・・・・

こうやって何でもかんでも分析するのは僕のクセのひとつ。目に入ったもの、感じたこと、くだらないこと、すぐ分析してしまうんです。公園ではベンチを眺めながら、「人がそこに座ってしまう理由」を分析する。「あのベンチは木陰にあるから、遠くから見ても心地いいことがわかるんだな」「ふたり掛けより広くて、3人掛けより狭い。あの微妙な幅がいいのかな」と。ライブに行けば、「人がこの曲で踊ってしまう理由」を分析してしまう。「みんながこういう曲で踊るのは、心臓の鼓動と同じリズムと低音で、ガンガン突き上げてくるからだよね？」と。どこか客観的なのかもしれませんが、その分析が仕事に役立ち、考えを飛躍させてくれるんです。人が歌ってしまう理由、人が座ってしまう理由、人が踊ってしまう理由。その原理がわかると、楽しさを求められている場を設計する時の役に立つ。

もちろん僕の分析が合っているかどうかはわかりません。ただ、そこは正解でも不正解でもいい。自分の中に「これはこうである」という原理を増やしていくと、何だか賢くなった感じがして、自分自身を楽しめるんです。

分析したものはメモしてコトバにしておきます。絵よりコトバが好き。思い付いたことをコトバにするのも、コトバから新しいことを連想ゲームするのも得意です。「音色って何色？」「どこかに正解があるのかな、いやどこにもない。誰もわかっていない」「それなら、〝この色が音色だよね〟という色をつくってしまえば新しい価値ができるんじゃないか」というように、コトバから想像が広がることも多い。

人が言ったこともよく書き付けておきます。例えば最近のメモに「恋愛は点滴」とありますが、これは知人がポロッと言ったコトバです。いわく、男性は何でもかんでも「一気に」いこうとする。誕生日にだけ大きな花束をドーンと渡したりする感じですね。要は即効性のある注射といえるでしょう。でも女性にとっては、そんな注射なんてさほど響かないと、その知人は言うんです。そうじゃなくて、ポトンポトンと栄養を送り込む点滴のように、毎日花一輪を贈ってくれるほうが響くのよ、と。本当にどうでもいい会話なのですが、聞いた時には衝撃を受けて、すぐメモしました。

メモはあくまでメモですから、時間がたてば忘れてしまうことも多いです。ただ、たまに見返すとおもしろい発見も多く、どんよりしていた頭の中が、そのひと言メモを見ることでパッと晴れることがある。

「WANTをHAVE　TOに」「旅するホテル」「レースのような建築」……メモのコトバを口にするだけで、何か新しいアイデアが生まれそうな気がします。できるかできないかはまた別の問題。書いた時にはどうでもよかったコトバが、タイミング次第で輝き始めることもある。

つまり、過去の自分に助けられているんです。あの時の自分、よくやった。このコトバを思いついて残してくれていてありがとう、と。

・・・・・・

ちなみに、空間をつくる時も僕はコトバありきです。例えば、住宅をつくろうとしているふたりがいるとします。設計者仲間でも設計者とクライアントでもいいのですが、目指すべき空間を先に「カタチ」で表現してしまうと、そこに必ず好き嫌いが生まれてしまう。絵にした時点で「いやいや、そうじゃないよ」という齟齬《そご》が生まれやすいのです。

ところが、先に「コトバ」のやりとりをしてコンセプトを理解しておけば、例え双方の頭の中に浮かんだカタチが違ったとしても、絶対に同じ空間にたどり着く。建築家というとスケッチや絵を大切にするイメージがありますが、僕にとってはコトバのほうがイメージも広がりやすく、かつ確実だと思っています。

「スケッチよりコトバを描くことが多い」と話す谷尻。ノートは1年に3～4冊使い、筆記具は〈ペンテル〉の万年筆を長年愛用。

7
仕事を楽しくするのは「知識」よりも「執着できる能力」

目の前にある今の仕事が、どうしたらもっと楽しいものになるのか。日頃そう考えている人がいるならば、答えは簡単です。がむしゃらに考える。ひたむきに向かい合う。これに尽きると思います。

といっても、昔ながらの根性論や、「営業はとにかく足を使ってクライアントのもとに通え」的な話ではありません。

ウチの事務所には、入所1年目2年目という若手のスタッフがいますが、そういう若手を見ていてつくづく思うのが「知識より執着が大切」だということ。

もちろん知識は大切ですが、そこに頼るだけでは足りない。さまざまな事務所でインターンを経験して豊富な知識を身に付けた人より、絶対にいい仕事をするんだという執着を持ってがむしゃらに考える人のほうが、結果的にいい成果をあげるんです。

なぜだと思いますか？

それは道を探そうとするからです。そして、探す過程にこそ仕事をする楽しさが隠れているからです。

・・・・・・

「こういうものをつくりたい」という理想があったとしましょう。知識がある人は、「それをつくるためには、これを使ってこうしたらいいんだよね」という道をすぐに見つけてしまうでしょう。効率もいいし、もちろん悪いことではありません。

いっぽうで知識がない人は、その高みへたどり着くための道を、わからないなりに一生懸命探すと思うんです。

グーグルマップで30分かかる登下校の道を、知識がある人はちゃんと30分かけて帰ることができる……なんなら20分で帰れるかもしれません。それに比べて知識がない人は、2時間以上かけてようやく家に着くことでしょう。

でも時間がかかったぶん、ほかの人は気付きもしなかった道を見つけるかもしれないし、道じゃないルートに気付くかもしれない。もしかしたら5分で帰れるミラクルな歩き方に辿り付くかもしれません。

どちらが仕事に楽しさを見い出せるでしょうか。

別の例えをしてみましょう。知識を増やすというのは「1＋1＝○」という式を覚えることです。そして、知識とは別のアタマを使うというのは、「○＋○＝5」の答えを探すということです。どちらの方程式でものを考えるクセを付けるかで、仕事への向き合い方も変わると思うんです。

「1＋1＝○」は答えを暗記すればいい。でも答えは一個です。それに比べて「○＋○＝5」の場合は、正解がひとつではないからその都度答えを探さないといけない。今回は「2＋3」がいいのか「1＋4」がいいのか「1＋1＋1＋1＋1」がいいのか、あるいは「10＋（マイナス5）」がいいのか……。暗記力ではなく考える力を養わないと対応できないんですね。

・・・・・・・

知識を増やすのはとてもいいことです。ただ、知識だけに頼ってしまうと、一定のレベルに達した時点で「できた」と思ってしまって、最初に提示された道以外のルートや新しい歩き方を探せなくなりがちです。

そして、今持っている知識が当てはまらないと答えが出せない人、つまり予測しなかった事態に対応できない人になってしまう。そういう態度から仕事の楽しさは生まれにくいものなんです。

一般的に「優秀な人」というと早く効率的に仕事をこなせる人を指しますが、僕は必ずしもそうではないと思っています。新しいものを見つけたり、不器用だけど一生懸命に立ち向かったりする執着心を持っている人も「優秀」だと定義できるんじゃないか。

知識のある人もない人も、目の前の問いに対する解をがむしゃらに考えるクセを付けてみてほしいと思います。まずは、これでOKだと思っても、もう一歩踏み込んで頭を働かせたり別の道を探したりしてみるところから。

「執着できる能力」、それこそがどんな仕事をも楽しくできる能力です。

8 「マインド設定」という特効薬。自分の中にアプリを入れておく

最近、「マインド設定」が気に入っています。

マインド設定とは、自分の脳みその中に、気に掛けておくべきキーワードや行動を仕掛けておくことです。「次のコンペのプロジェクトでは〝赤〟をテーマにプレゼンしたいから、今日のマインド設定は〝赤〟」。そんなふうに心掛けていると、町を歩いていても、自転車で走っている時も、ちゃんと〝赤〟が目に入ってくる。

意外な建物が赤をキーカラーにしていることを発見したり、「そういえば、この企業のロゴも赤だった」というような確認ができたり、「赤と白よりも、赤と黒のほうが印象が強いんだな」ということを実感したり。普段では気に掛からなかったことが、するすると目や耳に飛び込んでくるから不思議です。

あるいは、「私、今週はノセ上手になろう」とマインド設定して一週間を過ごせば、自然と「わあ、あなたってすごいね、さすがだね」というひと言が口から出てくるようになり、仕事がいつもより快適に進んでいることが実感できたりする。

僕は去年からnoteを始めたのですが、それも「noteを書かなければならない。そのネタを集めておかなければならない」というマインド設定にしておくことで、頻繁にメモをとるようになりました。

実際、このマインド設定のおかげで、何気ない会話をしていても「いいコトバだな」と思うとすぐメモするようになりました。

その場で深く理解できなくても、メモしておけば自分の中に大事なこととして残っていく。あとでいくつかのメモを見て、「ああ、今度は記憶と記録について書こう」というようにnoteのネタが生まれてくる。

情報の断片であってもある程度溜まっていけば考えを整理しやすくなるし、逆に新しい考えも生まれやすくなるのです。

・・・・・・

ところで、僕がマインド設定をするようになったのは、もの忘れするようになったから。もの忘れというと「年齢的なもの?」と勘繰られるかもしれませんが、決してそうではありません(と思いたい)。齢を重ねてものを忘れやすくなったのではなくて、昔より情報が増えてきたから脳が処理できなくなっている。しかも、情報にかける時間が短いので、忘れていく情報もどんどん増えていくようになったんです。

「情報にかける時間が短い」というのは、一見いいことに感じられるでしょう。スマートフォンで、グーグルで、何でもすぐに調べられる。ただ、すぐ調べたことはすぐ忘れるというのも事実です。もしかしたら、調べてわかったような気になっただけで、きちんと沁み付いていないのかもしれません。

昔はカタログやら資料やらをめくって、時には人に聞いて……と時間をかけて情報を得ていましたよね。その時間が長ければ長いほど頭にしっかりインプットされ、忘れることも少なかったし、ちゃんと自分のものにできていた気がします。

とまあ、それを愚痴っていてもしょうがないし、実際には「短い情報」に助けられているのですから、だったら情報を整理する工夫をしなくてはいけない。そう感じて、マインド設定に頼ることにしたわけです。

やり方は簡単。自分の中に「マインド設定」というアプリを入れておいて、「町のグラフィックを探そう」「親切にすることを心掛けよう」とインプットしていく感じです。

もの忘れが多くなったのは、僕の脳が退化したわけではなく、情報が多くなったからなんだ……と言い聞かせながら。

COLUMN

人生をちょっと楽しくする谷尻ロジック1

星座ロジック
――下ごしらえが大事

思い付いたことをメモしておくのは大切。でも多くの人は、意味があるものだけを蒐集しようとするのではないでしょうか。

僕は、それ単体では意味のないものも、記憶の中やメモに書き留めておくんです。名付けて「星座ロジック」。星は、ひとつひとつには意味がないけれど、つなげることで意味をもたせることができて、星座になりますよね。同じように、世の中には、それ一個だけですぐには役に立たないものが多い。でも僕はしょうもないものでも何となく留めておく。そうすると、ある時ふと線でつながって、独自の意味を持ち始めるのです。

大切なのは下ごしらえ（＝意味のないものを普段から集めること）をしておくこと。ストックがいつ星座になるかはわからないけれど、意味のないものこそ蓄積しておかないと意味が生まれないと思うし、意味ばかり集めていたら、いいアイデアは生まれないと思います。

COLUMN

すぐ使えるプレゼン術（面接にも役立つよ！）1

準備しない、練習しない
――間違いを起こさない逆説的発想

レクチャーやプレゼンの時に気を付けていることは、準備しないこと。あらかじめ手順を決めないこと。スライドだけは準備しますが、練習したりはしません。練習してつくり込んでしまうと、次コレ、次はこっち……という部分に気を取られ、感情が入らなくなるし、順番を決めると「あ、ここ順番が違った！」という間違いから焦って、プレゼンに支障をきたすことがある。順番を決めずに「このプロジェクトではこの点を伝えたい」という核心だけを自分に言っておいて、あとはその場で考えながら話せば、「核心を間違える／核心が伝わらない」という悲劇は起こらないのです。

具体的に言うと、提案をシンプルに描いたスライドを映し、そこに現場でどんどん描き込む。描き込みながらその場その場で考えたことを話し、提案を育てる。だからレクチャーの回によって内容が違うこともありますが、「伝わる」レクチャーやプレゼンになっていることは確かです。

第2章

仕事のセンスは磨けますか？

――アイデアひらめき体質になるために。

センスはもって生まれた天性のもの、
――ではありません。
磨くことも鍛えることもできるのです。
楽しく働くために必要なセンスの種は
意外と近くにあるはずです。

WEGNER
ISAMU NOGUCHI
ARCHITECTURE
THROUGH
SECTION
THE HIGH LINE
BIBIO

1

不便こそがセンスの鍵。「便利」ってホントに便利？

僕の実家は、広島県の北部にある三次《みよし》という田舎町にありました。外と内の境界がないオープンな家で、敷地の真ん中に庭があって母屋とはなれが分かれている。有名な安藤忠雄の建築「住吉の長屋」に近い……というと聞こえはいいけれど、室内なのに雨に濡れる部分もあったりしたので、一般的には住むのに大変な家だったということになるんでしょう。間口が４ｍもなくて、奥行きだけは25ｍもある、うなぎの寝床です。

こういう家に住んでいると、毎日が「工夫の連続」です。まず玄関を入って靴のまま進み、中庭を過ぎてから靴を脱いで居間に上がる。台所に行きたい時も寝るために部屋へ戻る時もそのつど靴を履いて中庭を通らないといけないし、雨が降っている日は、さらに傘をさして歩かなくてはいけない。そのうち、家の中にいるのか外にいるのかだんだんわからなくなってくる……。

風呂も五右衛門風呂みたいなスタイルなので、友達と遊んでいても夕方過ぎたら家へ帰って沸かさないといけません。しかも、自分のほかに外で薪をくべる人がもうひとり必要で、屋内から「もっと薪をくべて熱くして」と声を掛けないと、温かい湯にもできないんです。

もう、すべてがいちいち面倒くさい。こんな家は嫌いだとずっと思っていて、「大人になったら大工になってお城を建てる!」というのが口グセでした。

・・・・・・

でも、こうして設計の仕事を始めてみると、あの「不便」こそが実はとても豊かだったのかもしれないと思うんです。「不便」をひとつひとつ自分なりに工夫して生活しないとやっていけなくて、いつの間にかそれが日常のデフォルトになっていたのですね。

今はみんなが便利なものを手に入れたがり、便利な家を求めている。家を建てたら建てたで、「住み始めたらここが使いにくい」とか「やっぱり家は3軒建てないと満足なものが完成しない」なんて言い出したりもする。でもそれは、最初から便利な家を建てるから出る不満なんじゃないかなと思うのです。

便利な家に住んでしまうと、何とかしてこの家を使いこなそうという思考がおこりません。ダメなことを家のせいにしている時点で、工夫しない人、考えない人ということです。便利はダメな人間を育ててしまう。言い過ぎでしょうか？

人は本来、不便でも愛着があれば大事に使おうと努力するはず。不便という負荷がかかることで住む人は成長するのです。「このクルマ、もう古くなっちゃって、よく壊れるんだよ。オレしか乗りこなせないんだ」と自慢する人がよくいるでしょう。その愛情こそが、家づくりにおいて最も大切なことではないかと思います。

僕は事務所のある東京と広島、両方に家を持っているのですが、特に広島の自宅は決して「便利」ではありません。何も置いていない広い空間があって、床や壁に鉄板を使っているから頻繁に手入れをしないといけない。はっきりいって面倒です。でも、いい家は手入れすることで長くもつと思うんです。汚れが目立たないから掃除しなくていい家なんて、何年も風呂に入ってない家みたいなことでしょう。僕は気持ちが悪いですね。いいものを手に入れる時は、必ず面倒もついてくる。そのくらいが腑に落ちます。

夫婦で打ち合わせに来るお施主さんにいつも言うんです。「隣にいる人、そんなに便利ですか？」と。奥さんにとってご主人、ご主人にとって奥さんは、そんなに便利ではないはずです。便利だからいっしょにいるわけではないし、全部が全部思うようにはならない。不都合なことも多いけれど、でもまあいいかなという感じでしょう。人はそういうところにこそ愛着を持つのではないかなと思います。

今の僕が、「家の内部に庭があるのも楽しい」というような設計を考えうるのは、不便だった実家で育ったおかげです。「とんでもない場所」で育ったから、よさも悪さもわかっている。

みんな、便利な家を設計する能力ばかり身に付けているけど、僕は「不便な家」を設計できる能力を手に入れた——と誇りに思っています。

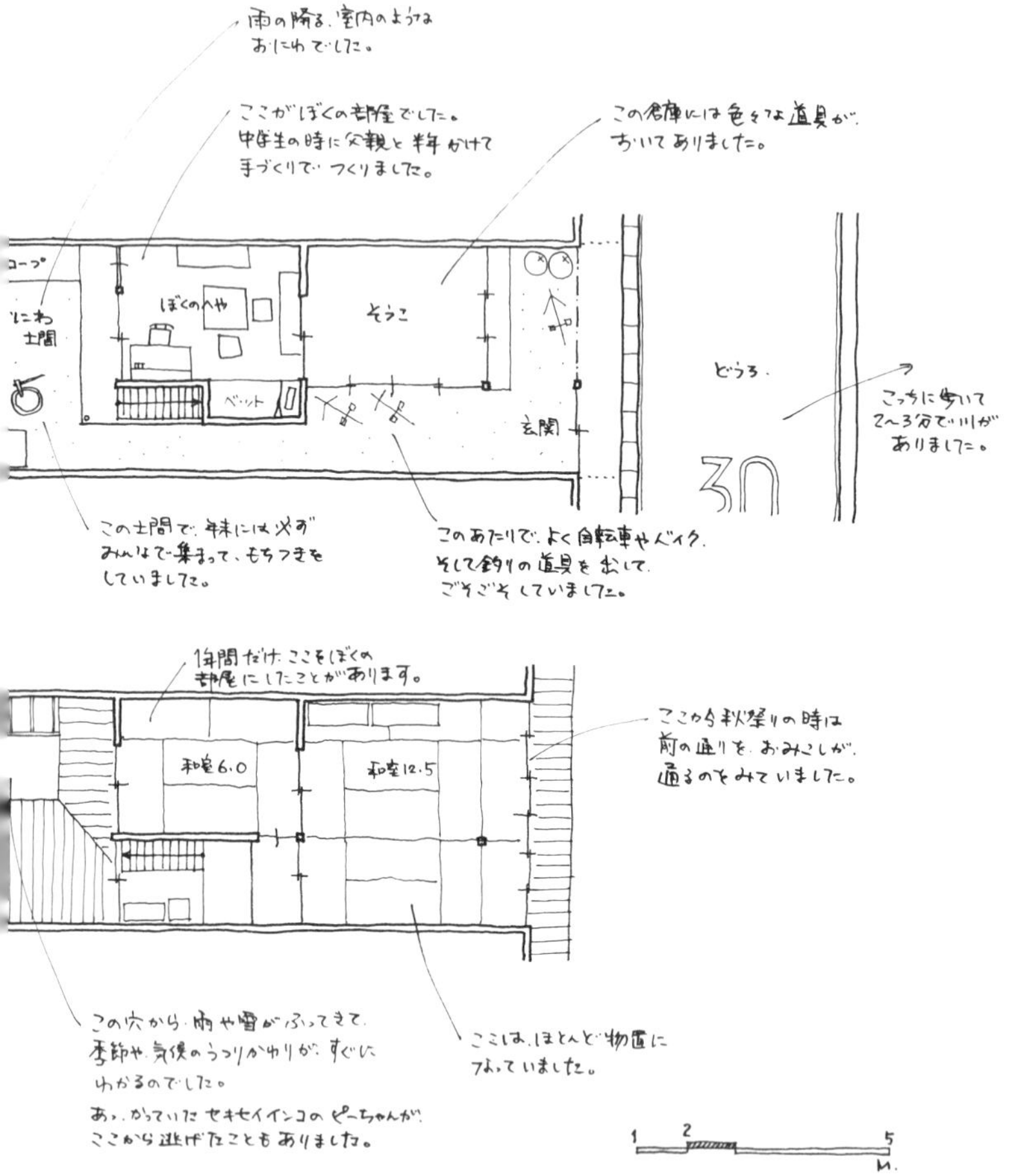
雨の降る、室内のようなおにわでした。
ここがぼくの部屋でした。中学生の時に父親と半年かけて手づくりでつくりました。
この倉庫には色々な道具がおいてありました。
コープ
にわ
土間
ぼくのへや
そうこ
ベット
玄関
どうろ
30
こっちに歩いて2〜3分で川がありました。
この土間で、年末には必ずみんなで集まって、もちつきをしていました。
このあたりで、よく自転車やバイク、そして釣りの道具を出して、ごそごそしていました。
1年間だけ、ここをぼくの部屋にしたことがあります。
和室6.0
和室12.5
ここから秋祭りの時は前の通りを、おみこしが通るのをみていました。
この穴から、雨や雪がふってきて、季節や気候のうつりかわりが、すぐにわかるのでした。
あっ、かっていたセキセイインコのピーちゃんが、ここから逃げたこともありました。
ここは、ほとんど物置になっていました。
1
2
5
m.

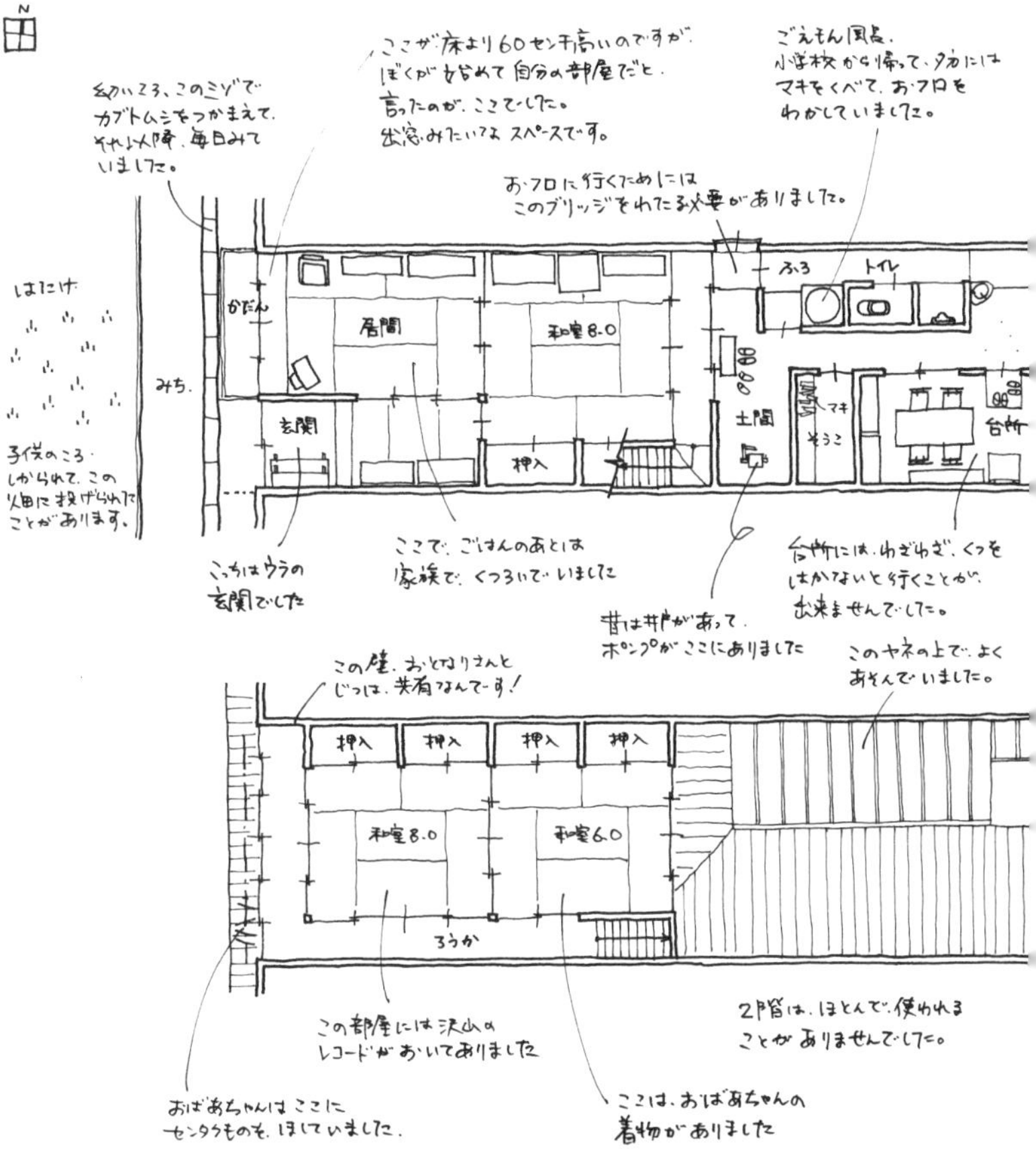

谷尻が小学生のころに住んでいた実家の図面。「居間から寝室や台所へ移動するたびに靴を脱いだり履いたりしなくくてはいけない、とても不便な家」。でもその不便こそが谷尻独自のセンスを育くんだ。

2

予想通りは感動しない。ノイズこそが化学反応を起こし、感動を生む

仕事をするうえで、特に少し上の立場になった時に必ずつきまとうのが、「意図が部下にうまく伝わらない」「一生懸命伝えたつもりなのに、自分が思っていたことと違う方向へ行ってしまう」というような悩みだと思います。

でも、それがいいんです。と声を大にして言いたい。経験を積むにしたがって、失敗をしないようにするスキルや問題を起こさないようにするスキルが身に付きます。思った通りにものごとが運ぶようにもなるでしょう。それは能力が高くなり、実現性が高くなったということだから、いいことでもあるのだけれど、実はつまらないことでもあると思うのです。なぜなら予定通りだから。想像したものとできあがってくるものが同じだから。感動が生まれないから。

けれど、誰かといっしょに仕事をすることで、コントロールできない失敗や「部下に伝わらない」というノイズが起こり、思いがけないものが生まれる。そうすると自分だけではつくれなかったものに出合えて感動するんです。

仕事で感動するためには、思い通りになるようにやっていてはダメ。せっかく一生懸命働いているのに、感動しなくなったら残念だと思いませんか。

・・・・・・

ひとつゲームをしてみましょう。利き手でペンを持って、紙に「あ」と書いてみてください。自分が書こうと思ってイメージした「あ」とそれほど違わないですよね？　では次に反対の手で、利き手の「あ」と同じような文字を書いてください。うまく書けないのではないでしょうか。手が思い通りに動かないから、ぎこちない「あ」かもしれないし、ぐにゃぐにゃの「あ」かもしれない。もしかしたら「あ」とは読めないかもしれないですね。

目標とした設定は同じ「あ」です。利き手で書いたほうはきれいだけれどつまらない。仕事も同じで、自分ひとりの能力だと「作品」になりづらいんです。逆に、自分に難しい環境を与え、負荷を課したことで、新しくておもしろく、想像もしていなかった「あ」ができあがった。つまり、右手の「あ」は人工的で、左手で描いた「あ」は人工的でありながら自然現象でもあるわけです。

この左手ロジックがカタチになった住宅例を紹介しましょう。

写真とイラスト（P.66）は埼玉県の飯能市で計画中の別荘です。敷地は大きな岩がごろごろある川沿いの土地。傾斜地の上から見下ろした時、「ここには人工的につくられた建築物より自然に溶け込むような建築がいいな。それには直線的な造形物じゃなくて、自然界に存在する有機的なラインのほうが似合う」と直観した。すなわち、人工的でありながら自然現象でもある「左手の〝あ〟」なんですね。

ごろごろした岩を何時間も眺めているうちに、「岩をくりぬいて家にしたら楽しいかも！」と想像した。そして、実際にどうしたらそれが可能か調べました。残念ながらそれは法規的に難しくて断念したのですが、それならば、どうしたら岩のような家がつくれるか考えようと頭を切り替えた。

けれども頭を切り替えたところで、また次のハードルが立ちはだかります。建てたい場所が傾斜地の下なので、そこまで行く道もなければ機材を運ぶ車も入れないのです。材料はすべて人間の手で運び込まなくてはならない。鉄骨も石もコンクリートも、どう考えても難しい。

まずは工法から考え直さなくちゃということで、思い付いたのが発砲スチロール。これなら手運びでどんどん運べます。まずは発砲スチロールを積みあげてかまくら状のドームをつくり、外側に防水加工を施した。そして傾斜地の上にミキサー車を停めて、長いパイプを下まで引っ張ってきてコンクリートを吹き付けたんです。

この工法が何より魅力的なのは、パイプの勢い任せで吹き付けるため、到底思うような形状にはならないこと。たくさん吹き付けると膨らんで、吹き付けが甘いと凹む。だから、ずいぶん不思議な形になりました。でもそのヘンテコな形、思いがけない形こそが自然に近しい美しさを放っているんです。

一応、事前に平図面も立面図も書きましたが、立面図の通りになんて絶対にならないのも素晴らしい。自分たちが想像していたものとはまったく違う形ができあがりました。まさに「思い通りには動かせない左手の〝あ〟」のおもしろさです。

ふだん建築を考える際は、自分たちの感覚の中にある「こういう形が美しいよね」という予測をもとに決めてしまうところがあるのですが、自然のカタチはそんな決められ方はしていない。あらゆることが予測不能だということを認めてつくるほうが、自然にもっとも近い方法論なんですね。

同時にこのケースは、機材車が入れない・荷物が運べないという負荷が生み出した、起死回生のおもしろさともいえるでしょう。ちなみにこれは「吹き付けコンクリート」といって、土木建築の現場で斜面などにコンクリートを塗布する手法。手法自体は従来からありますが、建物に利用したというアイデアが新しいものだった。しかも構造上は立派な鉄筋コンクリート造で、芯になっている発砲スチロールが断熱材の役目を果たします。

「よくやるよ」とも「そこまでやらなくても」とも言われます。でもどんな仕事にもチャンスが潜んでいる。チャンスに出合った時にどこまで頑張れたか、何をつかめたかで、そこから先が決まるんです。

しかも、渦中にいる時はそれが大きなチャンスだとはわからないことも多い。たいていのことは、後から振り返って「あの時が転機だった」「あの時に真剣に向き合えたから、今がある」と思えるんですね。だからこそ、一回一回全力で臨み、あとで後悔しないように向き合いたい。

最初から完璧な人なんていない。どこで、どんなチャンスに出合えるかの違いであり、その時に頑張れるか頑張れないかの差なんです。誰にでも、チャンスに出合う回数を増やす努力はできるし、誰だって夢中で頑張ることはできる。いい仕事をしている人には、そうやってきた軌跡と理由があるんです。

このプロジェクトを通じて考えたのは、「自然物のことは誰もが美しいというけれど、建築については個々の好き嫌いがある」ということ。みんな、そんなことは当たり前だと思って理由を考えないでいるけれど、僕はそこをもう一回クリアにして深く掘り下げておきたいと思ってしまうんです。

現時点で僕が考えだした答えは、「それは建築が完璧な人工物だからなのかもしれない」ということ。ではどうしたら人工的につくりながら、自然物に近付けるんだろう……と、今はぼんやり考えているところです。

発砲スチロールをジョイント加工しながら積層し、だいたいのカタチをつくる。

別荘を建てたいのは車両の入れない場所。人力で持てる軽量な発砲スチロールを運び込む。

柱と梁に頼らない自由なカタチが完成。人間が完全にコントロールできない方法によって、自然物に近い建築物となった。

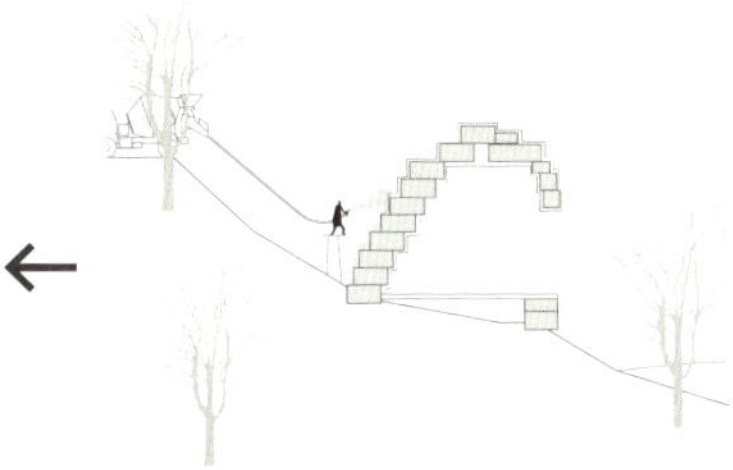

長いホースで吹き付けコンクリートを塗布。型枠を使わずゴミも出さずに建築物ができる。

埼玉県の飯能市に計画された別荘の、プレゼンテーション用グラフィック。岩や崖の残るプリミティブな景色に似合う建物を考えた。

3

満足する成果をあげるために、人の「欲望」をつかむコツ

現代における仕事のほとんどは、他者との関わりで成り立っています。ひとりでコツコツとものをつくる人だって、そこには他者の希望なり思惑なり事情なりが介入しているだろうし、完成したものも他者の手に渡るのですから。

となれば、仕事をするうえで必要なのは、他人が何を望んでいるのかを知る能力ではないでしょうか。

でもそれを知るのってすごく難しいんですよね。いい仕事をして相手も自分も満足するためには、望みというより「欲望」とでもいうべき本当の目的を理解しないといけない。でも相手はたいてい本当のことを言ってはくれないし、そもそも相手自身が自分の本当の欲望に気付いていない場合が多いんです。

本当の目的は何なのかを知るにはどうしたらいいか。僕は相手の価値観を知ることがいちばん確実な道だと思っています。価値観とはつまり、〝何を重視しているのか〟ということですね。

・・・・・・

住宅の設計を依頼されたとしましょう。まずはクライアントとなるお施主さんとの打ち合わせで、おおかたの望みを知ることはできます。「キッチンを中心に暮らしたい」「明るい家がいい」「ローコストで」「ペットといっしょに過ごせるように」「収納がたくさん必要」などなど。でもそれはお施主さんが望んでいることのごく一部でしかありません。そこからさらに深く細かく相手の望みや価値観を知り、本当に喜んでもらえる家まで引き上げられるかどうかは、建築家の腕や感性にかかっています。

さて、施主の価値観を知るための次なる方法のひとつが、その人が今住んでいる居住空間に行くことでしょう。暮らしぶりや現状の家の問題点、持っているものの量を知ることも大切ですが、例えば洋服のブランドや食器の選び方に大きなヒントは隠されています。

クローゼットを見れば、本当に洋服が好きな人なのか、それとも洋服で表面を飾りたい人なのかがわかる。どこに価値基準をおいてものを選んでいるのか、何のプライオリティが高いのかが見えてくる。それは満足度の高い住宅をつくるうえでとても役立つ情報です。

では、家を訪ねたりできない関係の人の場合、それを知るにはどうしたらいいか。僕は無駄話をよくします。好きな食べ物、好きなアートや音楽、どんな本を読んでどんな映画を見ているか、仕事とは関係のないことを聞いて、価値観を知ろうと努めます。

中でもよく聞くのは、部活の話。学生時代の話を聞くのが好きですね。それがスポーツだとわかりあえるポイントも多いような気がするのは、自分がバスケに夢中だったから。スポーツならば個人技だったのかチーム競技だったのか、どれくらい続けたのか、それによって成功体験を得たことがあるのか、どんなポジションだったか……。

部活をしてなかったのなら、じゃあ学生時代は何をやっていたのかと聞いてみます。どちらにしても、これからいっしょに仕事をつくりあげていける相手なのか、ただの発注者なのかを見極める材料を探り出そうとしているんです。いろいろな仕事をしていると、中には「挑戦しろ！」と言って自由につくらせておいて、いきなりハシゴを外す人もいるのですが、昔話をすると、そういうことをしそうな人にはその片鱗が見えたりもします。

・・・・・・・

もうひとつ、相手の価値観を見極めるうえで僕が大事にしているのは、その人が「気遣い」できるかどうかです。そして、それを見極める判断材料になる（と僕が思っている）のは掃除の話。掃除って、きれいにしたいという自己満足を満たすものでもありますが、掃除をすることでみんなが気持ちよく働けたらいいなという思いも含まれていると思うんです。つまり、「自分のため」と「人のため」の問題がいっしょに解けるものなんですよね。考えてみるに仕事というものも、自分のためになり、同時に人のためになる解を見つけなくちゃいけない。なので、本質的なところでつながっていると思います。

もちろん、話すのはそんな大仰なことではなく、もっとたわいのないことです。例えば、これからいっしょに仕事をするかもしれない相手との会話の中で、「僕、トイレの便座のふたが開いてるのが、すごく嫌いなんです」とわざと言ってみるんです。あるいは「ゴミが落ちているのに誰も拾わないと、気になる。ゴミを拾ったほうがみんなも気持ちよくなるはず……って想像できない人が、美しいものなんてつくれるはずがないんです」と言ってみる。それに対して「ああ、それわかりますー」ってのってくるか、イマイチ反応が悪いかで、相手の美意識というかセンスがなんとなくわかったりします。

ゴミが拾えるかどうかって大切だと思うんです。事務所でも、人が通る通路に荷物がはみ出しているかとか、脱いだままの靴が無造作に置いてあるとか、ティッシュペーパーが適当な箱のまま机の上に置かれているのがとても気になる。

そういう時は、「こんな状態でも、平気で仕事できるんだなあー」ってわざと嫌味っぽくスタッフに言ってみる。片付けろとは言いません。気を配ってほしいんです。気配りができるというのは、「これから現場で起こりうる問題を予測して行動する能力」があるということです。車の運転でも、バックし始めてから場所を確認するのではなくて、バックする前に場所をちゃんと確認してバックするということ。「気配り」や「気遣い」ができるかどうかは、あらゆる行動に出ます。

・・・・・・

住宅のケースに戻りますが、お施主さんでも、掃除の話をするとその人の思考性があぶり出されます。

「この施主は気遣い、つまり予測するのが苦手な人なのかな」と感じたら、もう少し踏み込んで話を詰めないといい家にならない……というのがこれまでの経験から感じていることだったりします。

例えば「収納をたくさんつくってください」と希望が出された場合、その背景には二種類あるんです。本当に収納スペースが足りない場合もあるけれど、意外と多いのが、ただ単に片付けられないとか買い過ぎているという問題を、収納が解決してくれると思っている人。

気遣いができて考え方がシビアな人は、必要かどうかを予測しながら買う。だからつくられた収納スペースの範囲で気持ちよく生活できるけど、やみくもに買う人はいくら収納があっても意味がないんです。なぜなら「収納」というスペースがあればあるだけモノが増えるので。こうなるといくら収納が充実した家を建てても、いつかは不満が出てしまう。だからそういう時は、買い方や買うことの意識自体をちょっと改革したほうがいいと思いますよと伝えます。

4

説得より納得。いい空気をつくる人になる

今、福岡の博多でホテルのプロジェクトを進めているのですが、この間おもしろいことがありました。

このプロジェクトのスタートは、ひとつの広い敷地の中に3人の建築家がそれぞれホテル棟をつくり、3つの建物の真ん中に空いたスペースを中庭みたいにしましょう……というものでした。確かに、3人の建築家それぞれの個性がにじみ出る場ができたら、いろいろな人が集まる中庭になりそうですよね。

ある打ち合わせの時に、肝心の中庭はどうつくるか、それぞれがどうアプローチしたらいいのかを考える段になったのですが、「とりあえずそれぞれの建物を考えてみてから中庭のプランを決めればいいい」という空気になりました。

確かに建物の個性が決まらないと、そこからにじみ出るであろうものも、3つの建物にふさわしい中庭の姿も見えてこない。でも実は僕がその時に考えていたのは、「そもそも中庭でいいのかな」ということだったんです。

プロジェクトを進めている場所は、博多の中でもとりわけ小さい店が並ぶ、路地みたいな雰囲気が特徴のエリア。中庭という広いスペースをつくるより、ホテル棟をあちこちに分散させ、そこにカフェや飲食店や花屋などいろんな商業施設を入れておいて、店の中から椅子やテーブルがどんどん外の路地へはみ出してくるようなつくり方をしたほうが街の雰囲気になじみそう……と思ったのです。

そこで、「博多という街には、もしかしたら中庭よりも路地のほうが合っているかもしれませんね」と話題を振ってみた。僕個人の好みというより、もっと俯瞰して「博多」のことを考えた意見という意味合いを強め、提案してみたわけです。

そうしたら、「それなら実は博多のエリアにはこういうカルチャーがあるよ」「路地の広さも大事かもしれないね」「昔ながらの博多文化を焼き直ししても仕方がないから、アップデートするにはどうしたらいいかな」と、どんどん意見が出てきて、全員で考える空気が生まれてきた。たぶん、「博多のこととして考える」というニュートラルな提案だった

から、誰もが受け入れやすかったし参加しやすかったのだと思います

僕はいつも「説得より納得」ということを肝に銘じているのですが、誰だって説得されるよりも自主的に納得できるほうが気持ちいいはず。

・・・・・・

僕はどんな仕事であっても、その場のいい空気こそがいいものを生み出すと信じているので、「なんだかいいものが生まれそうだな」という空気づくりをすることを心掛けています。

といっても、これが結構難しい。いい空気をつくるのと場を盛り上げるのとは違いますし、無駄ににぎやかしたりおちゃらけたりするのとも違います。

難しいのは、仕事の打ち合わせの時などに、誰かの不機嫌が原因で空気が悪くなっているような時。そういう場合は、「このままの感じで進めても何もよくならないから、やめたほうがよくない？」ってちゃんと水を差しますね。「いい方向に行かないから、やり方を変えませんか？」って。

仕事の場において空気がくずれる大きな要因は、誰かの「自分の意見を通したい」というワガママであることが多いような気がします。意見を通したいという気持ちを全否定するつもりはありませんが、やり方は考えるべきです。

まずは人の話を聞く。みんなの話を聞く機会をつくる。これはワガママな人をけん制する効果もあるし、自分自身がどうしても意見を言いたい時にも使える手です。「なるほど、Aさんはそう思うんだ」「じゃあBさんはどう思う？」「C君は？」とみんなに聞いていけば、自分の意見も言わざるをえない時間がやってくる。その時に芯を喰っていることがちゃんと言えるように、一生懸命用意しておけばいい。

それからもうひとつ。積極的な提案をする際に、自分の意見であっても「みんなの意見」「何か大きな存在の意見」として言うのも空気を壊さない方法です。これは一歩間違えると、というか批判をする時に使うと「みんなが言ってるから」という責任逃れになってしまいますが、ポジティブな意見の時は効果的だったりもします。

会議がなんとなくどんよりしてしまっている時など、停滞した場の空気をよくするすべを身に付けておくと、仕事もよりよくなると思います。博多のプロジェクトの場合は、まさにこのやり方が効いた例かもしれませんね。

建物の中からテーブルや椅子がどんどん外の路地へはみ出してきて、街の空気を楽しくする――海外のカフェでよく見る風景。

・・・・・・

いい空気をつくるのは大事ですが、どんな人でも不機嫌になることはある。僕もあります。で、自分で「ああ、今機嫌が悪くなってるな」と自覚した時は〝石〟になります。

不機嫌になる時の理由が内的要因であっても外的要因であっても、とりあえず石になる。石だったら、雨が降っても嵐が来ても文句言わないじゃないですか。自分は自然物だと思い込んで、「まわりの人が何か言ってるけど、今は聞き流しておけばいいや……」と聞いておく。不機嫌を表には出しません。

もしくは、不機嫌の理由を笑い話に変えたり、おしゃべりのネタにして解消します。不機嫌の要因がもう目の前にない時、例えば取材場所から事務所に戻ってくる間に乗ったタクシーのドライバーがものすごくイヤな人だったとか、そういう時は「聞いて聞いて。さっき、すごく怖い運転手がいてさー」って、すぐ笑い話として誰かに聞いてもらってその場で忘れるようにする。自分自身の不機嫌を引きずって場の空気を悪くしてしまうより、そのほうが健全だと思うんです。

そして、周囲に不機嫌な人がいる時は距離を置きます。その人から離れます。近くにいると不機嫌をもらってしまうから。自分自身もその空気をまとってしまわないように気を配り、「いい空気をつくる人」でありたいと思っています。

5

頼まれたことだけで終わらせない。時には自主的に提案する

長く建築の仕事をしてきましたが、ちょっと変わったプロジェクトに関わったことがありました。それが、2018年に初めてトライした「お菓子をつくる」仕事。広島での講演をたまたま菓子メーカーのカルビーの方が聴いてくださったそうで、「いっしょに取り組んでもらえませんか？」と誘っていただきました。

お菓子をつくるというと、まずどんな味にするのかとか、どんなパッケージにするのかを考えると思うのですが、それではせっかく僕らに声を掛けてもらった意味がない。だから、お菓子ってそもそも何だろう？　というところに立ち返りました。新しいお菓子のカタチとか存在意義、お菓子の役割って何だろう……と。

その結果、提案したのが「広島カープの応援グッズにしましょう」ということ。さらに、

「最初からたくさん売るという作戦に出るのは辞めましょう」ということでした。

最初の発想は、振るとシャカシャカ音がするタイプのお菓子をカープの応援グッズにしたらおもしろいかもしれない、ということでした。

そこで考えたのが「ＤＩＹマジック」。料理って自分でつくると、実際には普通の味であっても結構おいしく感じられたりしますよね。お菓子でもこのＤＩＹマジックを応用できないかなと気付いて、自分で完成させるお菓子のプランを練りました。具体的に言うと、パッケージの中に入ったお菓子に好きな味のパウダーをかけ、カクテルのように振ることで味を完成させるイメージです。そして、これを振ることで音の鳴る応援グッズにすることもできる。

次に思ったのが、全国で売らずに広島の市民球場だけで売ろう、ということです。普通だと「たくさん売ろう」となりますよね。もちろん最終的にはそのほうが利益も出るから望ましいのですが、ちょっとチャレンジングな提案をさせてもらいました。

これが球場限定のお菓子として販売されたら、市民球場に入った人はみんな、ビール片手にそろいの赤いパッケージをシャカシャカ振って応援するだろう。その風景自体がとても魅力的なはずだから、今のご時世だとその動画がＳＮＳにあがるだろう。つまりそれ自体が広告になる。記念に家まで持って帰るだろうから、子どもが学校で話すなどアナログな口コミも期待できる。おそらく、その風景を見た他球団も絶対欲しくなるはずだ。そうプレゼンしたのです。

この提案を受け入れてもらって完成したのが、「ふるシャカ」というスナック菓子（P.83）。限られた店舗でのみ買えるようになっています。

実際には２０１８年に発売して、今年（２０１９年）には2球団になりました。サッカーやバスケのチームなどへも展開するといいなと思っています。

「ものをつくる」というオファーを、文字通り、ものをつくったりグラフィックを考えたりすることだけととらえずに、自ら進んで販売の仕方や世の中への浸透のさせ方まで広げて考えたのがこの企画であり、自分たちの仕事の特徴でもあると思います。

ただ単に頼まれたことを行うというより、時には自発的におもしろいことを探して提案していく。これからの働き方のひとつの指針なのかもしれないなと思っています。

カルビーのスナック菓子〈ふるシャカ〉。カープのキャラクターをデザインすると同時に、一般販売に先駆けて広島球場内のみで販売しようと提案した。

6

「誰でも知ってる、知らないもの」を探せ！ビートルズの理論

つい最近（2018年）、バルセロナのとある美術館のコンペに呼ばれました。残念ながら最後のところで負けてしまいましたが、競合が大物ばかりだったので、他の人が絶対つくらないような大胆な美術館を考えたという点で、思い入れのあるプランです。

美術館を訪れる人のほとんどの目的が、作品鑑賞です。でも僕らは、「アーキテクチャー・イズ・デスティネーション」というテーマを掲げ、この建物を見るために世界中から人がやってくる、そんな美術館にしようと提案しました。

「アーキテクチャー・イズ・デスティネーション」のためのひとつ目の提案は、「バルセロナの街を美術館にしよう」というアイデアです。美術館の敷地に大階段のような広場や木陰のある公園をつくって、街そのものと融合させる。そうすると、美術館に用事がな

スペイン・バルセロナに計画された美術館のコンペで提案したプレゼン案。バルセロナの街の古い地層を3Dプリンタで再現し、建物外装に使おうというプラン。

かった人も休憩したり立ち寄ったりしたくなる。バルセロナは日差しが強いので、日影のある場所に人が集まるんです。さらに建物の屋上に滝をつくり、美術館自体をアートとして楽しめるようにする。そうやって、街を歩いている人が集いやすい場所にすれば、ついでにうっかり美術館に入ってしまう人も増えるはずだ……とプレゼンしました。

もうひとつの提案は、バルセロナの古い地層を3Dプリンタで再現して、建物の外装に使うというアイデアです。この街はもともと海底にあった土地。その歴史のある街の過去の姿を再現することで、見たことがないはずなのに、どこかで見たことがあるような気分になる建物をつくろうとしたわけです。

・・・・・・

ここで肝心なのは、「見たことがないのに、どこかで見たことがあるもの」という点です。まったく見たことがないものは判断しにくいし、明確に見たことがあるものはつまらない。だから、そのふたつを曖昧に行き来するようなものをつくろうと思った。「誰もが知っているけど、知らない場所」ということですね。

ビートルズの音楽はまさにそれです。音楽の構成要素としては誰もが聴いたことのある古いロックミュージックなのですが、彼らはその組み合わせやアレンジ（あとはファッションも）によって、それまでになかった斬新な音楽をつくりあげた。「誰もが聴いたことのある、聴いたことのない音楽」だったから、多くの人に受け入れられ、新しいスタンダードになりえたんです。これが、誰にとってもまったく初めての電子音楽だったら、僕らが知っているビートルズにはならなかったはず。

見たことがないはずなのに、「これ知ってる」と思わせる風景。聴いたことがないのに、昔から耳になじんでいるような音楽。「見たことないのに、見たことあるような」は、時代も国も越えて、人の心をつかみます。設計やプロジェクトにも、ものづくりにも、メールの文章にも、はたまたクライアントを口説き落とそうとする時の口上にも、いろんなものに応用できる魔法だと思います。

人はまったく未知のものに心を開きづらいもの。人の心を打ちたいなら、既知と未知を融合させるセンスを磨くべきだと思います。

7

プレゼンテーションは変幻自在。相手によって変えていい

バルセロナの美術館（P.85）のようにダイナミックで型破りなプランは、僕らの得意とするところですが、実はそればかりではないんです。まったく逆方向の戦略をとることも、最近では結構あります。僕らもオトナになりましたから（笑）。

「森と本の図書館」（P.91）は、山口県柳井市の図書館のプロポーザルで選ばれた案です。プロポーザルというのはコンペティションの一種。コンペは設計案を選ぶものですが、プロポーザルは設計者を選ぶものを差します。

柳井市は素朴な田舎町で、審査員もセンスの尖った建築家ではなくふつうの感覚をもった町の人々。なので、突拍子もないことをして嫌われてしまわないように、安心してもらえるように、「まず森をつくります」と宣言しました。

既存の図書館のまわりは駐車場になっていたのですが、「図書館の建物の周辺、つまり館内の窓から見えるところに、樹々が生い茂る森と緑いっぱいの公園をつくりましょう。公園に出れば森の中で本を読んでいるような雰囲気を味わえますし、室内にいても緑の樹々を眺めながら読書できますよ」と。

もともと柳井市自体が「緑のネットワークがある街」という理想を掲げていたし、森やグリーンを嫌いな人はいないはず、そう考えたのです。さらに、プラン自体はとてもシンプルなので工事も難しいことがなくすぐ着手できる。植物の群生は周囲の環境にもいい影響を与えることができる……と、わかりやすいメリットを中心に訴えました。バルセロナの美術館では「ほかの人がつくらないようなものをつくろう」と、新しいこと、人を驚かせること、印象に残ることを重視しましたが、この図書館ではまったく反対の方法をとったことになります。

プレゼンもオーソドックスにいこうと考えました。大仰な３Ｄや映像などではなく、シンプルで素朴な手描きふうのスケッチにしました。結果的にプロポーザルに残ることができて、現在計画を進めているところです。

何が言いたいかというと、相手によって戦略や方法を変えるのは大切だということ。仕事だけでなく普段のコミュニケーションでも、相手に合わせてやり方を変えるのは、交渉ごとの基本です。そして、僕がそれを比較的得意としているのは、どんなにやり方が変わっても、ベースとなる自分なりの「型」とか「芯」があるからだと思います。

若いころ、建築におけるオーソドックスな「型」をただひたすらに学んでいた時期がありました。その経験を経て自分なりの「型」が身に付いた実感があるから、戦略やアピールの仕方をあれこれと変えたとしても、ちゃんと「芯」を伝えられていると思えるんです。

この話は、純粋な建築設計にとどまりません。僕は今、不動産や食堂やホテルなど、いろんなことにトライしています。テレビ出演や執筆などメディアへの露出も人よりだいぶ多いほうだと思います。「幅広く活躍している」と言われることが少なくないけれど、その分、表層的に見えていることも知っている。チャラチャラしてるよねと揶揄《やゆ》もされてきました。

でも僕は、何を言われてもあまり気になりません。食堂も不動産もテレビも、いろいろあるプレゼンテーションのひとつのようなもの。戦略や方法は変わっても、自分の伝えたいこと、やりたいことの「型」はひとつなのです。

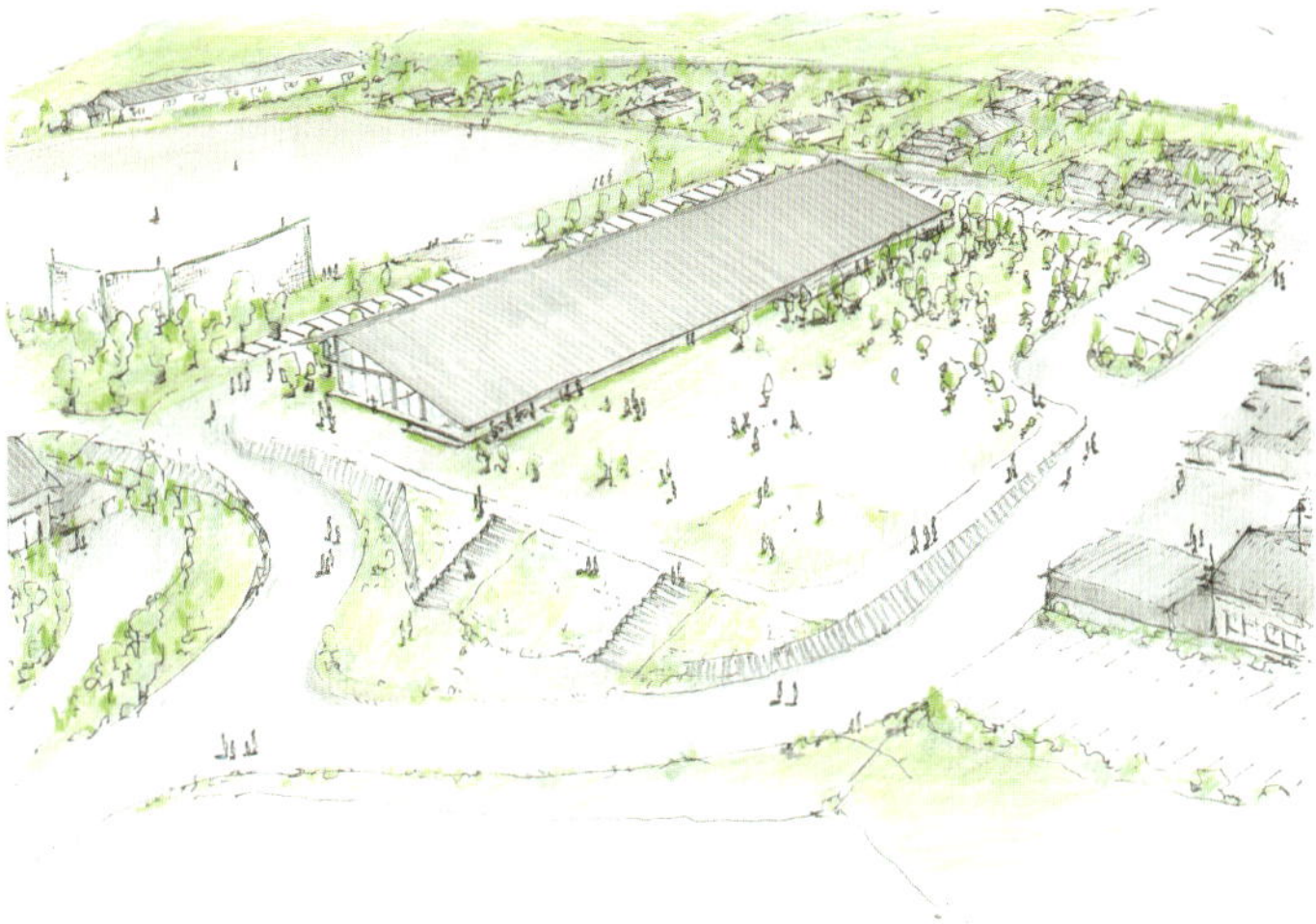

山口県柳井市に図書館をつくるプロポーザルで提案したプラン。町の人も審査に参加したため、誰にでもわかるシンプルで素朴な手描きふうスケッチでプレゼンにのぞんだ。

8

対応力こそ生命力。変化に強い脳みそをつくる

保育園に通う子どもに「虹はどうして7色なの？」と聞かれたら、どんなふうに答えますか？

答えは3通りあって、しかも「フツウの答え」「いい答え」「最高の答え」のランクがある——という話を、空間デザイナーの谷川じゅんじさんから聞きました。フツウの答えは、「太陽の光の中には色の粒があって……」というようにプリズム現象をかみくだいて教えるもの。次のいい答えは、「君は何でそう思ったの？」と聞き返す答え。つまり、まず問いを立ててあげることで、自発的に考えることを導いてあげるんです。

で、最高にいいのは「何でそう思ったの？　それをボクに教えてくれたらうれしいな」って言うんですって。問いを立て、自発的に考えさせて、さらに「自分で考える／答

えることで、人を喜ばせることができる」という価値を覚えさせるわけですね。

実際、子どもはそう答えるとすごく喜んであれこれ教えてくれるそうです。「考えることの価値」を覚えていくという話、素敵だなと思いました。そして、こういう考え方を繰り返すことが「変化に強い柔軟な脳みそ」をつくるんじゃないかとも考えました。

僕は、仕事をするうえでも生きていくうえでも、環境や状況の変化に強いこと、つまり対応力こそが生命力だと思っているからです。

・・・・・・

ここから紹介するのは、「学校をつくる」というプロポーザルに対して「村をつくる」という提案をした時の話です。

それは広島県が主宰したプロポーザルで、大崎上島という瀬戸内海に浮かぶ離島に学校をつくるというのが課題でした。テーマは、グローバルリーダーを育てるための中高一貫の全寮制学校。

この時は同世代の建築家フジワラテッペイさんと組んで参加したのですが、僕らは「村をつくりましょう」というプレゼンをしました。なぜなら、学校という場所は先生と生徒だけで構成されている社会なんですよね。グローバルリーダーを育てるのに、先生と生徒しかいない環境で生徒を育てることが、ふさわしいのか――という疑問が生まれたからです。実は「学校」という在り方から変えないと、本当のグローバルリーダーは育たないんじゃないかと考えたのです。

そこで発想したのが「村」でした。

村には家屋が一軒ずつ分散して存在する「散村型村落」と、家屋が数十軒から百軒単位で集まっている「集村形村落」がありますが、僕たちは集村形のスタイルを参考にしながらプランをつくりました。

敷地の真ん中に道路を設け、その道路を挟んで南北に教室や講堂などの小さな建物を集め、全体として「村」として存在するような学校をつくる。その風景はまさに、小さな家が集まって並ぶ周辺の村落ともなじむものになるわけです。

さらに、敷地の中にパブリックな道路を通すことも考えました。そうすれば周囲の村の住民の方々も、自由に学校の中を往来できる。学校の授業の合間に、村のオトナたちと生徒が交流する時間が必ずできて、先生と生徒という閉ざされた関係性から一歩広がった多様な社会生活の中で、教育が行われるようになるのです。

・・・・・・

このプランは最終審査まで残りました。ほかの参加者はみな数々の学校建築を手掛けてきたベテランばかりです。プレゼン最後の質問の場で、審査員のひとりだった建築家の内藤廣さんが、「君たちにとってグローバルリーダーとは何ですか?」と聞いてくださったのですが、予想外のことで答えを準備してなくて頭の中が真っ白になりました。でも、ふと思い付いて、「僕たちみたいな子どもを育てるのが、グローバルリーダーを育てることになるんじゃないか」と答えたんです。

僕が言いたかったのは、「変化に強い」ことこそがグローバルリーダーの資質じゃないかということ。つまり、いろんな環境において変化に強い人間です。「逆境に強い」と言い換えてもいいかもしれません。

「僕たちみたいな」と言ったのは、自分自身がこれまで常に、さまざまな環境にあえて身を投じて自分に負荷をかけ続け、負荷を超えることで成長してこれたんじゃないかと思っているからです。経験をしたことのない場所にも無茶な仕事にも、恐れずに飛び込んでみる。好んでリスクを取りにいくんです。

オトナになると普通、失敗しそうなことや危険なことをしなくなると思うんです。まわりを見回してみてください。たぶん、「問題が起きないことが正しいことである」という空気が充満している職場や仕事場がたくさんあると思います。でも、そんなことをしていたら新しいものを生み出すこともできないし、成長もできない。

どんな問題が起きても、状況や環境がどんなふうに変化しても、柔軟なアタマとセンスで対応できてこそいいものを生み出せる。これから世界に出ていくグローバルリーダーには、そういう「変化を超えていける対応力」が必要だと思います。

ちなみにプロポーザルには負けました。が、この時に勝った建築家——学校や幼稚園のコンペといえばこの方というぐらい、たくさんのプレゼンを通じて素晴らしい建物をつくってきたベテランの方——が、僕らのことを「あいつらだけには負けたくない」と、競争相手として強く意識してくださっていたと後から聞きました。あえてリスクのあるものばかり挑戦し続け、プレゼンで負けてばかりいた僕らでも、きちんと見て評価してくれる人がいるんだと知り、忘れられないコンペになりました。

瀬戸内海の離島、大崎上島の小学校のコンペ用CG。サポーズとフジワラテッペイの事務所は、学校周囲に村落が広がっていることに着目。学校敷地の真ん中に公道を通すことで、生徒と住民の間に自然な交流が生まれ生徒の社会性も育まれる――と提案した。

9 アイデアはいつもオープンにする。身近にいるキーパーソンと出合うために

人によく相談します。アドバイスもものすごくよく聞きます。しかも関係ない人にまで仕事の話もします。逆にすごく信頼している人でも間違えることはあるので、できるだけフラットに相談してフラットに聞く。なぜなら、いろんな人の話は聞くけれど、鵜呑みにするわけじゃない。最終的には必ず自分で決めることはわかっているので、アドバイスも情報もたくさん仕入れておくんです。

仕事の相手でも呑み仲間でも関係なく、「今こんなアプリ開発しているんだけど、どう思う？」と聞いてみる。タクシーに乗っていきなり建築のプレゼンはしないけれど、タクシーの運転手という仕事についての話を聞くこともあります。

「お客さんはどういうところで拾うんですか？」とか「やっぱり大きなイベントがある日

はチェックするんですか?」とか。そして考えるんです。もしも僕がタクシー運転手をするなら、どこでお客さんを待とうと思うかな。運転中にお客さんからいいネタをふられたらどうやってメモするのかな。いやいや、メモはできないから、運転中でもメモできるアプリがあったらいいな……と。

・・・・・・

今考えていること、疑問に感じていること、働き方の改善案から、こんなことできないかなという思い付きまで、まずは「口に出して」まわりの人に相談することが大切です。口に出さなければ、自分の中だけで終わってしまいますが、コトバにしておけば、誰かがキーパーソンにつなげてくれたり、思いがけない解決策を授けてくれたりするもの。アイデアをどれだけ頭の中で膨らませても、何かのカタチにならなければアイデアのままなんです。センスを磨くことも大切ですが、もっと大切なのはそのセンスをカタチにすること。カタチにしてくれる人を知っておくことです。

また、できるだけ口に出すというのは、味方をつくっておくためでもあります。なぜなら、提案が新しければ新しいほど、「今までに前例がないもの」にネガティブな反応を示す人が多いから。知らないことに否定的になってしまう人、すなわち、誤解されることや失敗することを恐れる人はまだまだ多いのです。

僕らにしてみたら、知らないことだから興味を持ってほしいし、前例がないものだから提案する。前例があるもの、すでにフォーマットがあるものをつくっても、人の心を揺さぶるものなんてできないはずだと考えています。

だからこそ、自分の味方や仲間を増やしておくことがどんなに心強いか。味方にするためには、アイデアを共有しなくてはなりません。口に出して興味を持ってもらえたら、すかさず巻き込んでいく。はじまりは僕のアイデアであっても、味方の意見をどんどん聞いて、その意見を加えながらバージョンアップしていくのです。そして、「このアイデアが完成したのは、あなたのおかげです」というところまでもっていく。そうすれば、世間からネガティブな反応を受けてもいっしょに戦ってもらえます。

これは、対クライアントさんの場合も同じです。世間の反応を気にするクライアントさんであればあるほど、敵ではなく味方にしておく必要がある。そのために、まずこちらのアイデアに乗ってもらい、「あなたのおかげで……」という状況をつくるのです。

ところで、いいアイデアをオープンにしたら盗まれてしまわない？　と聞かれたこともあります。が、それこそ口に出しておけば、本当は誰のアイデアかということは周知となる。それに、盗む人は必ず自分も盗まれます。世の中それほど捨てたものではありません。

10

名前を付ける。名前を外す。もう一歩「深く」考えてみよう

いちばん得意なことは？　と聞かれたら「考えること」と即答します。

考えるのが好きなこともありますが、勉強をあまりしてこなかった僕が、勉強をしてきた優秀な人達と対等に張り合うのはどうしたらいいだろうと考えたときに、深く考えることでしか勝負できないと気付いたのです。

ただ、深く考えることは働くうえでも生きていくうえでも武器になるし、誰でも手に入れられる。ものすごく強くて頼りになる能力だと思います。

建築の仕事でいうと、例えば誰かに家の設計を頼まれた時。いい住宅をつくるために考えるべきことはたくさんあります。まず、お施主さんがどういう家を望んでいるか、今の家はどこが好きでどこが不満か。小さい時にどんな家に住んでいたのか、何を心地いいと

思うか、反対にどういう状況が居心地悪いか。毎日何時に起きて、いつどこでどんなふうに食事をとるか……などなど。それらの答えと、決められた敷地環境や予算といった条件を掛け合わせることで、この家族に合う家に近付くわけです。

でもそれは、先ほどの「〝深く考える〟ことは生きていくうえで武器になる」ということとは少しベクトルが違います。

・・・・・・

例えば、ちょっと唐突ですが「ガラスの器とその中の水」について考えてみましょう。中の水を飲んでいるからその器を「コップ」と呼ぶけれど、水に花を生ければ花器になるし、めだかを入れれば水槽になる。コップという名前を外すと、いろんな姿や使い方の可能性が見えてきます。逆に、水を飲むという行為ができるならば、防水した布の袋だって紙のハコだって、「コップ」という名前を付けられる。

あるいは、建物の横に大きな庇をもつスペースがあったとしましょう。写真（P．104）は、以前にあるドイツ車メーカーのショールームのコンペに呼んでもらった時に考え

ある自動車メーカーの新しいショールームのコンペで提案したプレゼン案。用途を限定しない広場にすることで、街の人が休憩したりライフスタイル型のイベントを開いたりできる、自由なランドマークを考えた。

たプランです。ショールームをピロティ（柱のみで構成された空間）のある建物にすれば、1階部分に壁のない半屋外の広場的なスペースができる。そこに「カフェ」や「図書スペース」と名前を付けた途端に行動は制限されてしまうけれど、名前がなければおしゃべりをしてもいいし、楽器を練習してもいいし、お弁当を食べてもいい。その自動車メーカーの考えるライブや食のイベントからヨガ教室まで何でもできる。

もっといえばこれは、みんなのアタマにこびりついた「ショールーム」という名前をいったん外して、「自動車のショールームってどういうところなんだろう?」と根本から考え直したから出てきた案なのです。

「ショールームの本質は、車を見せるところ?」「ならば、建物の一階につくってお客さんが入りやすいようにするのがいい」「でも本当にそうかな。誰でも気軽に入れる空間なんて、このメーカーにふさわしいだろうか」と延々考え続けました。

導き出した結果は「ショールームの本質は、思い出してもらえること」。車を買おうと思った人に「あそこにおもしろい空間があったな」と思い出してもらえる率をあげることこそが、求められていると気付いたのです。

だから、名前のないスペースをつくってさまざまなイベントを開き、車を買う人にも買わない人にも、これから買う可能性がある人にも覚えてもらうようにする。

名前ってすごいんです。あるモノについて考える時、名前を付けることでモノに行為が生まれ、名前を外したり別のモノに付けられるか検証することで、モノの本質や機能が見えてくる。ちょっとイジワルな言い方ですが、スターバックスからスタバの名前を外したら、カフェではなくて「オフィス」なのかもしれないですよね。

住宅も同じように、「住宅って何をするところだろう。どういう時に〝住宅〟という名前が付けられるんだろう？」と考えてみる。その答えが、「ご飯をつくって食べる。風呂に入る。ベッドで寝て休む。その3つがあれば住宅といえる」だった場合、「食事と入浴と就寝ができる場所を、人は住宅ととらえる」と仮説が成り立つわけです。であれば、美術館でその3つの行為ができれば、「美術館だけど住宅」というものが生まれうるし、「カフェで住宅」「コンテナで住宅」という概念も可能です。

食事と入浴と睡眠がしっかり確保できるのであれば、庭に住む住宅もできるだろうし、移動する住宅だってできるでしょう。しかも今は、そういう発想をきちんと受け入れてくれるお施主さんもたくさんいると思うのです。

今、あなたが就いている仕事の名前を外してみたら、仕事の本質や、やりたいことの道筋が見えてくるかもしれません。

学校で働いているならば、「学校って本当は何をするところだろう？」から始めてみる。カフェの仕事をしているなら、その名前に支配されていないか、もう一度問い直してみる。おいしいコーヒーを淹れたいから働くのか、町の人が集ってくつろげる場所をつくりたいからここにいるのか、隣のブックショップに〝カフェ〟と名前が付いたら、そこで働くのもありなのか。

・・・・・・・

さて、最初に「考えること」が得意と宣言しましたが、同時に心掛けていることは、みんなとは逆を考えるということ。「深く考える」というのは、いろんな面から考えるクセを付けるということです。

みんながいいと思うことを簡単には受け入れず、当たり前だと思われていることを改めて疑ってみる。ある意味、ひねくれたイヤなヤツになるということですね！

11 カタチのないものを信じますか？

カタチがなくても信仰して頼りにしているものはありますか？

僕はあります。昔、僕のおばあちゃんが言っていたことです。夜は爪を切ってはいけないとか口笛を吹かないとか、いわゆる迷信なのでしょうが、今でもふと思い出すことが多いです（そして、つい守ってしまいます）。

カタチのないものといえば占い。自分から積極的に行ったりはしないですけれど、見てあげるよと言われたら見てもらう。そして、いいことだけ信じます。というより、心のどこかで「どうせいいことしか言われないだろうな」って思っているんです。

反対に、何かイヤなことを言われたとしたら、ちょっと気を付ける。当たっているかどうかはどうでもよくて、気を付けるに越したことはないと思うからです。もしかしたら、心のどこかで潜在的に気になっていたことかもしれないし、「注意しなさいよ、というおぼしめしなんだな」くらいに思って気に掛けることにしています。

何かをたくさん売ろうとか宣伝しようという時に、現代人が抱えるコンプレックスや不安をあおるのはメディアの常套手段です。

化粧品も美容器具も英会話教室も、人のコンプレックスをイヤというほど刺激することで売り上げを伸ばす。いっぽうで不安をあおるものの代表といえば保険でしょうか。普段から内面に抱えていても、バンバン外に吐き出せるものではない、そういった「内面不安」に訴えることで利益を得るわけです。

そう考えると、占い師さんに見てもらうような場所というのは、人が表に出しづらい内面不安を少し吐き出せる癒しなのかなとも思ったりします。

カタチがないものを信仰しているというと、何だか怪しい感じもしますが、すでに世の中は、Wi-Fiという形のないものに頼って信仰しているんだから、同じことですね。〝カタチがなくても頼れるもの〟を持っていると、いざという時の心の支えになるものです。

COLUMN

人生をちょっと楽しくする、谷尻ロジック 2

ビール売りのロジック
――思い出してもらえる人になる

野球場でビールを売っている女性を見ると、同じ球場で同じ時間なのに、売り上げのいい子と悪い子がいますよね。それってなぜなんだろうと考えて発見したのが「ビール売りのロジック」です。

売り上げのいい子は、ビールが売れない時間帯でも、お客さんに話しかけて意味のない会話をしているんです。そうやって会話をしておくと、試合が中断して休憩になり、ビールが欲しいタイミングが訪れた時に、「どうせ買うならあの子から」となる。作為のない会話が人と人との距離を縮め、後々思い出してもらえるというわけです。

このロジックはあらゆることにいえるでしょう。車でも家でも、買おうとなった時に「あの人から買いたい」「あのブランドがいい」って出てくることはとても大切。思い出されるということは、ブランディングの基本ですから。

結論。意味のない会話で普段から距離を縮めておくほうが、人生も仕事も楽しくなる！

COLUMN

人生をちょっと楽しくする、谷尻ロジック 3

褒められるロジック
――前提条件はマイナス気味で

「約束の時間に遅れそう。おそらく、あと10分で着くのだけれど」という時。約束している相手に「すみません、あと15分かかってしまいます」と連絡をして10分で着く人と、遅れることでマイナス評価が強まることを怖れ、「あと10分で着きます」とギリギリの時間を伝えてその通りに着く人。そもそも褒められることではない、という点は置いておいて、どちらのほうが印象がいいと感じますか?

遅刻はペナルティなのだからマイナス面は少しでも減らして伝えよう……と錯覚する人が多いと思いますが、実際は逆。同じ時間で到着するのなら、前提条件をマイナス気味にしておいたほうが結果的には印象がいい。

怒られるのが苦手な僕の、少しでも褒められるためのロジックです。

第3章

人を動かすコミュニケーション術とは？

――苦手とキライを克服する処方箋。

社会の中で働いていれば
イヤなことやトラブルはつきもの。
それらを乗り切るための「処方箋」を
知っておくだけで
人生も仕事も大きく変わります。

1 「やる気が出ない」の処方箋：モチベーションをキープする方法

「何もかもやる気が出ない」「仕事にモチベーションが持てない」「今の仕事が自分には合わない」「将来のビジョンが見えてこない」……。わかります、わかります。僕もまったくやる気が出なくて布団から出たくない日が定期的に訪れるから。

わかりますけれど、こういう不満を持っている人を見ると、もったいないなーとも思うんです。なぜなら、結局すべてを人のせいにしているから。それは自分を否定しているのといっしょだから。人のせいにするのはラクですが、自分を否定したままでは、たぶんいつまでもその暗闇からは抜け出せません。

そんな「やる気が出ない」人への第一の処方箋は、自分で考えること。考え抜くことです。僕は、スタッフから仕事の質問や、時には人生の質問を投げかけられても、安易に手をさしのべることをしないようにしています。解答を与えると、それで答えが出たと錯覚させてしまうから。いい答えにたどり着いたとしても、自分で出したものでない限り何も変わらないんです。

また、「自分の時間がない」と言っている人には、「仕事も自分の時間ですよね？」と言いたい。仕事の時間は他人の時間ではありません。自分のための時間であり、自分でコントロールできる時間なんだということを、一回きちんと意識するといいかもしれません。仕事の時間で得たものが、仕事以外の時間にも影響する。そういうふうに考え方のスイッチを変えられたら、目の前にある仕事を少しでも楽しくしよう……ってなると思います。

・・・・・・

ひとりの人間が選びうる選択肢は、限りなく広いと思うんです。何でも選べる。今の仕事も環境も、全部自分で選んだもののはずなんです。

「やる気が出ない」というのは、その選択が間違っていたということかもしれないですよね。ならば、仕事を辞めて最初からやり直しても全然いいんじゃない。自分自身で考えて決めるならば、どんな選択肢もありうるはずです。

少し突き放しすぎでしょうか。では第二の処方箋をお伝えしましょう。

それは仕事が楽しい時に「自分はなぜ今、楽しいのか」を分析しておくことです。みんな、仕事がつまらなくて毎日だるくて仕方がないという時は、なんでこんなにツライんだろうと悩んで悩んで、なんなら積極的に分析したがるでしょう。でも、コンディションがよくて楽しい時に、どうして楽しいのかは考えていないと思うんです。

実は、分析しておかないとその状態に戻るのは難しい。自分がどういう時に楽しいのか、どういう要素が楽しい状態へ導いてくれるのか、誰といっしょにいると楽しくなるのかを、普段から意識的に分析して理解しておくといいですね。そこがわかれば「楽しい」への早道もわかる。やる気が出ない時こそ、この処方箋が効果を発揮するはずです。

それにしても、つくづく思います。やる気が出ない人がそんなにいるなら、やる気が出る方法を考えたらおもしろいんじゃない？　って。みんなが落ち込めば落ち込むほど、やる気ビジネスのチャンスがあるんじゃないかなって。

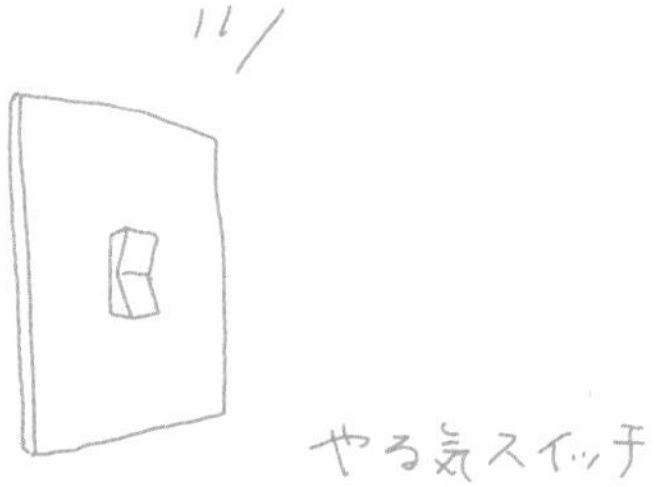
やる気スイッチ

2
コンプレックスを生かす処方箋：ネガティブ面は武器になる

「どんな人にもコンプレックスはある」と、よく言われますが、知りたいのはその克服法やコントロール術ですよね。他人のコンプレックスを知って自分のそれと比べても、根本的には何も解消しません。誰かと比べても自分のコンプレックスが変わるわけではないんです。

僕が伝えたい処方箋は、コンプレックスは武器になるということです。

まずは自分のことを話しましょう。僕は小学校1年生のときに母がいなくなったので、おばあちゃんと父に育てられました。

家は親を恨んでしまうくらい古い長屋で、トイレは汲み取りだし、水も井戸からとらないといけない。もちろん貧乏ですから、中高の6年間、朝5時に起きて新聞配達をしてバスケの朝練に行って……という生活を続けました。おこづかいは一度ももらわなかったです。もらいたくなかったんです。

なぜなら、もらった瞬間に、お金の使い方についてとやかく言う権利が親に生じてしまうから。それがイヤでもらわなかったのですから、だいぶひねくれていますね。しかも、不良だらけの広島の田舎町で「貧乏で片親だから、グレるというのはダサすぎる」と思っていたから、ヤンキーにもなれないまま、みんなと違うことばかりやっていた。

・・・・・・

そういう自分の状態や環境がイヤでイヤでしょうがなかったし、コンプレックスの塊だったけれど、ある時、それも武器になる個性なんだなとわかったんです。

きっかけは「映画もアニメも主人公は落ちこぼれ」だと気付いたこと。優等生やヒーローが活躍してもまあ、当たり前ですが、落ちこぼれが活躍することによって社会は共感して涙する。なるほど、落ちこぼれががんばったほうが価値があるんだなあとわかったんです。優等生より落ちこぼれのほうが、助けてくれる仲間も共感してくれる友人も多いのかもしれない、と。だから、コンプレックスがあることはチャンスなんです。何でもそうです。考え方を上手に変換することができれば、すごくラクになる。

その第一人者は、建築家の安藤忠雄さんですよね。建築家といえば秀才で学歴があって、というのが当然だったところへ、劣等生であることを武器にして、世界的な存在になった。みんなそこに共感します。

さらに「スタートが落ちこぼれのほうが評価されやすい」ということも発見しました。褒められやすいし、落差があったほうが多くの人が共感しやすい。僕がこうして「自分は落ちこぼれです」とわざわざアピールするのは、人を油断させるためでもあるんです。

最初に自分のレベルを下げておけば、相手も期待値が低いところからスタートしてくれる。だから、他人と同じ成果を上げたとしても、「あれ、コイツのほうが意外とデキルじゃん」と評価が高くなるでしょう?

そして、「自分は落ちこぼれ」と思っているのと同時に、やりたいことは自分の力量より高いところにトライしたいと思っているクチでもあります。独立したばかりのころ、どこかで新しい店がオープンするという噂を聞くと、やったこともないのに「僕、店舗設計できます」と言って仕事をもらったりしてました。勉強は落ちこぼれですが、能力はあると信じていて、仕事で「できません」「自分なんて」みたいなことは言いませんでした。

誰でもポジティブとネガティブの両面を持っています。優等生にもネガ面はあるし、落ちこぼれにもポジ面はある。ただ、そのポジのほう、自分のいい面ばかりを強調して伝えることがブランディングだと思っている人が多いけれど、僕はネガティブな面を見せるほうが絶対に強力なブランディングになると思っています。「正直ブランディング」ですよね。もちろん、きちんとした成果を上げることが大前提ですが、優等生にはできない戦略。落ちこぼれだからこそできるブランディングです。

3

失敗を引きずらない処方箋：「言い訳をしない」を心掛ける

言い訳をしないように心掛けています。

言い訳は自分を否定していることといっしょだと思いますし、「言い訳をしないといけない」という状況になっていること自体が、今起こっている問題に自分自身が関わっているということだから、責任を持って——つまり言い訳をせずに——解決しなくちゃいけないと思うからです。

例えば、手掛けた住宅について理不尽なクレームが出たとしましょう。こちらのミスならばもちろん言い訳せずに謝ります。でも「お施主さんが細かいことが気になりがちだったり、不安になりやすいタイプだったりするのが原因」みたいな場合もないワケじゃない。それでも一歩引いて考えてみれば、こちらからの説明が足りていなかったとか、相手への理解が浅かったとか、結局はそういうことに起因しているはずなんです。もしも最初から不安な面があったならなおさら。仕事を受けなければいいのに受けたわけですから。自分で関わると決めて受けた仕事は、ちゃんと責任をもって最後までやらなくちゃいけないんです。

相手がいないところで、「実はこんなことがあってさ……」とほかの誰かに言い訳をする。そういう卑怯なシチュエーションも避けたいですね。自分がそういうことをしたくないのはもちろんですが、言い訳をしている人といっしょに時間を過ごしても、イヤだなあ、楽しくないなあとしか思えません。自分のまわりにいる人は自分を映し出す鏡だと思っていますし、互いに影響され合うものだと思うので、言い訳をする人といっしょにいたくないのです。

・・・・・・

相手に迷惑をかけてしまった時、その要因が自分のミスや体調不良ならば、言い訳はせずにごめんなさいをしますが、自分ではどうしようもない外的要因による場合もありますよね。そういう時はそのまま伝えるほうを選びます。

正直に言わないほうが相手にとっていい場合もあるから、いつもちょっと悩むんです。例えば寝坊して遅刻してしまった場合、「電車が遅れた」と言ったほうがさしさわりがないとも思います。でも、そうすると何がウソで何が本当かわからなくなる。後で「本当は寝坊だった」と知られた時に一気に相手からの信頼を失うだろうし、ちょっとのウソによって、寝坊という失敗に別の失敗が重なってしまったようにも思えるから。

うまくやり過ごそうとするより、下手でも正直に言ったほうが信頼も得られるし、自分自身もすっきりする。

言い訳をしないというのは、自分の失敗を後々まで引きずらないための、少し遠回りだけれど確実な処方箋なのだと思います。

・・・・・・

実は、レクチャーでダブルブッキングをしてしまったことがあります。広島と京都で同じ日に講演の予定を入れてしまった。時間もちょっとずれているぐらいなので、どう考えても両方こなすのは無理……そうわかった時にいろいろ考えたんです。体調不良だと言ったほうがお客さんにとっても納得しやすくていいなのかな、と。でもウソをつくことになるし、後で「体調は大丈夫ですか？」と言われたりしたら、さらにウソを演じなくてはいけない……。なんだかもやもやした結果、正直に言うことにしました。

まず広島の会場へ行き、「実はダブルブッキングしてしまいました。今日はごめんなさいを言うためだけに来ました。このまますぐ京都に向かいます」と言って新幹線で京都へ移動し、京都の会場でも「遅くなりました、ごめんなさい」と謝りました。

来てくださったお客さんに「ダブルブッキングかよ……」とイヤな気持ちにさせてしまっていたら申し訳ないけれど、せめて、それをネタにどこかで話してくれれば少しは気も晴れるかもしれないと思ったことも確かです。

ちなみに、人から言い訳をされた時は、残念だなと思うだけで指摘はしません。言い訳をしたのがスタッフであればひとこと釘を刺しますけれど、それでも「言い訳をするな」とは言いません。「それダサイよね」とか「絶対モテないわー、それ」って言います。自分で気付いてね、という注意喚起におさめます。

4

人を上手に動かす処方箋：「あなたにしかできない」

建築家にとって「人を動かす」といえば、まず職人さんでしょう。基本的に、工事や施工現場での主役は職人さん。その現場において、こちらの都合で工事内容の変更をお願いするのはあまり褒められたことではないかもしれません。

でも僕は、現場を見てもっとよくなると思ったら、プランもやり方も変えてしまいます。図面を書いてきちんと管理して、図面通りに進めることに固執するのはあまり好きではない。所員にも「なんで毎回現場に行っているのに、もっとよくなることを考えないの？」と言う。

職人さんにイヤがられることももちろんあります。でも、ものをつくる行為において、職人さんがイヤがることを避けるのがいちばんの目的ではないはずです。いちばんの目的はお施主さんに喜んでもらうこと。その目的を達成するために職人さんの顔色をうかがっている設計者なんて信用できないと、所員には口すっぱく諭します。

恐れるべきは、職人さんにイヤがられるリスクより、いいものができなくなるリスク。結果的にいいものができれば、どんなにガンコな職人さんも「オマエ無茶言ったけど、よかったな」となるはずです。それに、こちらが気持ちを開いてなんでも聞くようにすれば、職人さんの想いも話してくれる。そうなると「こういうこともできますよね」と返すこともできるし、その経験は自分の仕事にも役立ちます。

・・・・・・

建築家は、なぜか偉ぶって「こうしてください」と頭ごなしの指示を出すことが多い。でも、「こういう目的で、こういうお施主さんの想いのためにこれをつくろうとしていて、多少無理な仕事なんだけれど、どうしてもやってみたいし、やらないといけない。この仕事はあなたしかできないんです」と熱意をもって言えば、「しょうがねえなー」というふうになるものなんです。何のための変更なのか、コンセプトや目指すべき方向をきちんと伝えて、そのうえで熱く口説く。それが僕のやり方です。

ところで、「あなたにしかできない」——そんな、職人さんを口説く時のキラーフレーズを、自分たちに言い聞かせながらつくったプロジェクトがあります。

きっかけは、ある現場監督の方に「遠くの現場は自分たちで管理ができないから避けたい」と言われたこと。でも、今の時代のテクノロジーを使えば「管理できないから」は解決できるはずなんです。「できない」の原因がはっきりしていれば、解決策も説得の方法も明快です。

ここ数年はコンプライアンスの問題もあり、すぐ「できない」と諦める人が多い気がします。「できない」理由を考えてばかりで、どんどん「できない」ことにクリエイティブになっている。それならば、僕たちは「できる」をクリエイトしていこう——と立ち上げたのが、僕らにしかできない施工会社〈21世紀工務店〉です。

今まで工務店や現場の職人さんと付き合ってきた中で「できない」と言われたものを、自分たちのノウハウやアイデアや人脈を投入して「できる」にする。それは設計にも必ずフィードバックされるし、もちろん仕事の幅も広がります。

それにしても、職人さんってすごくおもしろい。可能性がたくさんあるし、働き甲斐があるし、なにより働いた価値が目に見える。働き方に迷っている人がいるとしたら、今の時代こそチャンスではないでしょうか。僕も現場仕事ができたらいいなあと今さらながら思います。左官ができる建築家、最強だと思いませんか？

21

Twenty-first century constructions Co., Ltd.

サポーズでデザインした〈21世紀工務店〉のロゴ。

5 「コミュニケーションが苦手」の処方箋：「励まし上手」になる

仕事の種類に関わらず、対面でもネットを通じてでも、人とコミュニケーションする能力はないよりあったほうがいい。それでも、人と話すことや交流を持つことが苦手だと思っている人は少なくないと思います。

コミュニケーション下手は、ある意味、運動音痴とか方向音痴と同じようにどうしようもないこと。苦手なものはしょうがない。

そんなコミュニケーション下手への処方箋は、励まし上手になることです。どんなに会話やコミュニケーションが下手でも、人を励ますことならハードルも低いはず。仕事で悩んでいる人がいたら、疲れている様子の人がいたら、元気のない人がいたら、「大丈夫？」「あなたならやれるはず」「元気を出して」と声を掛けてみる。悩んでいる人に解決策を言う必要もないし、アドバイスをする必要もありません。「励まし上手になる」ことを心掛けて過ごせば、苦手なコミュニケーションが少しラクになるはずです。

・・・・・・

ここでもうひとつの処方箋を紹介しましょう。コミュニケーションが苦手な人ではなく、もっとコミュニケーションが上手くなりたい人への処方箋です。それは「誘い上手になる」こと。コツは誘う目的をはっきりさせることです。誘いを受けてもらえる可能性が高い目的を伝えるといったほうが正確でしょうか。

例えば誰かをごはんに誘いたい時、誘う目的は「僕と」じゃなくて「鮨を」だという点を明確に伝えるのです。

「僕とごはんを食べに行こう」だと断られる可能性が高いけれど、「なかなか食べに行けない鮨屋の予約がとれたんだけれど、見栄を張って2席予約しちゃったので、悪いけど人助けだと思っていっしょに行ってくれない？」と言えば、少し可能性が芽生えますよね。

誘い上手になるポイントは、目的の設定にかかっているのです。

6

頼みベタの処方箋：仕事はスポーツだと考えてみる

人にものを頼むのがヘタ。上手に頼ったり甘えたりできる人がうらやましい……という人の場合、処方箋は2種類あると思います。

ひとつは、甘えたり頼ったりすることイコール、人に迷惑をかけるという意識につながってしまう人の場合。あるいは自分が相手より立場が低くなると考えてしまう人の場合。どちらも弱さを見せられない人ですね。

そういう時は、「これはスポーツだ、チームプレーなんだ」と思うようにしたらどうでしょう。自分はディフェンスが得意だからがんばるけど、攻めるのは自分より上手な人がいるからそっちは甘えよう、と思えばいい。スポーツの最終目的は勝つことです。そのためには適材適所、役割分担が大切。プレイヤーそれぞれの力が発揮されるやり方を見つけて生かすことが、強いチームになる必須条件です。自分ひとりがオールラウンドプレイヤーになろうとせず、よりよいチームメイキングに心をくだくべきなのです。

仕事も同じ。よい結果を出すためには自分の弱いところを認めて、上手な人に託す。そのかわり自分ができるところを精一杯頑張ればいい。それだけのことなんです。

頼みベタのもうひとつのパターンは、「頼む」のではなく「指示」してしまう人の場合。「ここをこうしたいんだけれど、こんなふうにやって」と細かく指令を出してしまう。人に任せることができないわけです。

例えば「エベレストに登りたいんだけど、この道をこう歩いて、この日数かけて行くからいっしょに来て」と言われたらつまらないと思いませんか？　それよりも、「エベレストに登りたいんだけど、いろんな登り方がある中から、いちばんいい道をいっしょに見つけていこう」と言われたほうが、頼まれた人も楽しく感じます。おおかた登り方が決まっているところに、ただ加わってと言われても心が動きにくいでしょう。相手のやり方を尊重して、ひとこと抑えた頼み方をしてみる。それだけで、「頼む／頼まれる」の関係性がうまくいくはずです。

7

断りベタの処方箋：
まずは自分自身が断る理由に納得する

僕は仕事でも遊びの誘いでも、以前はなかなか断れませんでした。誘ってもらったのに申し訳ないなと思って。特に仕事ならば、せっかく声を掛けてくれたのだから、その人のためになりたいなと考えていました。

でも、それを貫きすぎるとスタッフにも大変な思いをさせるばかり。徹夜続きが当たり前みたいになってしまって、結果的にいいパフォーマンスができなくなる。そのくらいなら、断る時は断って、きちんとスケジュールコントロールをしていかないとダメだなと思うようになりました。

大切なのは「休むことは効率を上げること」と考え、きちんと割り切ること。自分自身がそれに納得していれば、断る時もあれこれ余計な理由をつけず、「スケジュールがキツイので難しい」とすっきり断れます。断るのがヘタな人は、断ったほうがよいことを心のどこかで納得しきれていないのだと思います。

もちろん、根性論的にガッツリ仕事をすることも人生の一時期には必要です。2〜3年間、やみくもに仕事に向き合ってがむしゃらに働くことで、仕事の向き合い方や自信のようなものが手に入る。それは一生ものの財産です。僕も独立したばかりの時は、寝ても覚めても建築のことを考えていました。

でも例えば海外の設計事務所を見てみると、みんな結構しっかり休んでいるのにパフォーマンスが高い。それはやっぱり「休んでいるから」なんですね。休むことも働くこと。休んでいる時に遊んだり楽しいことを見聞きしたり、旅行に行って新しいものに出合ったり、それは必ず仕事にフィードバックされるんです。

・・・・・・

スケジュール以外の理由で断るのは、「この人といっしょに仕事をしたくない」「この人のために自分の時間を使いたくない」と感じた場合です。これはもうクリアに、ばっさりと「もっといろんな人に会ったほうがいいですよ」と言って断ります。

「予算がなくて条件が悪い」とか「次の仕事に広がりそうもない」など、オファーをされた仕事を断る理由は他にもあれこれあるでしょう。でも「予算がない」は、僕だったら「予算がないのにすごいことができたらいいなあ」と思って受けてみようと思う。世の中のみんなが「お金がない仕事はちょっとツライな」と思って避けるのだったら余計に、僕らがすごいことを実現するチャンスがある。

「この仕事には広がりがないな」というのも同じです。僕らがそう思ったということは、たぶんほかの設計事務所やデザイナーも興味を示さなかったのでしょう。ということは、それはまだ価値化されていない未開拓の地。大化けする可能性だって秘めているんです。

だからプロジェクトの内容だけで、断る／断らないの判断はしないですね。

「この人といっしょに仕事をしたくない」だけが僕が仕事を断る大きな理由だと書きましたが、逆もしかりです。信頼できる人だったらどんな条件でもやる。信頼できない人の場合は、どんなに条件がよくなくてもできない。

なぜなら、信頼できない人と仕事をして、万が一プロジェクトの途中でよくないことが起こったら、きっとその人のせいにするからです。「アイツのせいで失敗した」と。

でも相手を信頼して始めた仕事ならば、失敗しても「自分の見る目がなかった、目を肥やさないといけないいな」という糧にできる。

相手を非難して終わるのか、失敗を糧にできるのか。その違いは大きいと思います。

・・・・・

ちなみに、自分に頼んでくれたと思っていたけれど、相手にとってみたらほかの人でもいいという場合もありますよね。だからこそ「頼まれたことは必ず引き受けなくてはいけない」と、自分をしばるのはやめたほうがいいかもしれません。

そういう時に僕はわりと、「ほかにも誰かに声を掛けていますか？」と聞いてしまいます。ああ、ほかの人でもいいんだなとわかった時点で「断る率」はぐっと上がる。

そのかわり、「何年でも待ちます、あなたにお願いしたい」と言われたら、これはもう断れなくなっちゃうのですが。

8

悪口を言われた時の処方箋：
客観的なコトバで心をマネージメントする

僕は異端児なので、いろいろ悪口も言われてきました。いちばん多いのは、建築のことを何もわかってない、という悪口。有名設計事務所を出たというようなバックボーンがないので、そう見えるのでしょう。でも、雑誌やメディアに頻繁に取り上げられるようになると、その人たちはすぐ見方を変える。こちらの本質は変わっていなくても、です。

それがわかってからは、「悪く言われても、どうせすぐ飽きる。ならば小さな村の中の眼を気にして悩むより、もっとたくさんの人がいる世界を向いていたほうがいい」と思うようになりました。

世の中で言われていることは、あまり当てにしない。よきにつけ悪しきにつけ、何か起きてもすぐに過ぎ去って、またいろいろなことを言い出すから。いちいち当てにしていたら振りまわされるばかりです。もっと大きなところを見て、自分で判断すれば、少なくとも無責任な人に翻弄されたり、人のせいにしてイヤな気分になることは避けられます。

どうしても辛い時や悪口を言いたくなった時はギャグにします。辛い気持ちのままこもっていると解決策もないまま堂々巡りになるし、悪口を言うと自分がイヤなヤツになったような気になりますから。ツイッターで悪口を書かれても、「あ、興味を持ってくれたんだ」と思って、「そういう考えもありますよね」と客観的なコトバを添えてリツイートしてしまいます。

つまり、悪口を言われた時のいちばんいい処方箋は、つとめて客観的でいること。反撃しても誰にも喜ばれないし、自分への悪口さえも冷静にリツイートすることで、ものごとを客観的に考えることの大切さを伝えることにもなるのだから。

悪口と同様、コトバに関してイヤな思いをした時の処方箋は、他人事にしないこと。例えば、自分が伝えたはずのコトバと部下の話がくい違ったことで、トラブルになりそうな時。「言ったよね？」と責めるのは他人事にしていた証です。「言った」ことではなく、「伝わったかどうか」が大切だったはず。それがわかれば、次からは伝え方も変わります。

やりたいことと、求められることが違う時も、いい結果に結びつくようにできるかぎり努力します。説得する、違う案を出す、いろいろありますが、決して「折れる」ということではありません。折れたまま仕事をしたとして、その時はよくても「折れた仕事」と同じような仕事の依頼が来てしまったら困るから。

また、クライアントさんに媚びることもしません。相手は自分がつくれないことを僕たちに頼んでいるわけですから、あくまでお金と知恵・技術の等価交換。そこで媚びたら、自分の知恵や技術を殺していることになってしまう。どんな仕事でも、ひとつの仕事が次の仕事をつくる。今、目の前にある仕事が、未来の仕事をつくるんです。

自分の気持ちにウソをついてまでする仕事は、しなくていいと基本的に思っていますし、それを生意気と受け取る時代でもなくなってきた。自分の意見がしっかりしていれば、年齢やバックボーンに関係なく受け入れられる時代、個人のコトバや価値観がきちんと尊重される時代になってきていると感じます。

・・・・・・

それにしても、コトバは不思議です。「勉強しなさい」と言われると、途端にやる気がなくなるけれど、「勉強するとこんなにいいことがあるよ。勉強すれば、こういうことができるようになるよ」と言われれば、「やってみようかな」となる。「こうしてみろ」ではなく、「こういう考えもあるし、何かが変わるかもしれないよ」と言えば「じゃあお前の話も聞いてみようかな」となる。

子どもが学校を休みがちになった時、「ウチの子はどうしても学校へ行かなくて困っている……」と嘆くのと、「ウチの子は学校へ行かないと決めているのだ。なんて意志の強い子！」と言うのと、状況だけ見れば紙一重です。でも、コトバが変わるだけで気の持ちようも変わる。

コトバは、気持ちや状況をマネージメントすることができるのです。

9

「目の前の問題から逃げたい」の処方箋：人には「解決できる問題」しか起こらない

仕事でイヤなことがあった時、トラブルを起こしてしまった時にどうするか。ある意味、いちばん難しい問題だと思います。逃げたくなる気持ちもわかりますし、人のせいにしたくなることもあるでしょう。でも、逃げずにしっかり受けとめて、トラブルをくぐり抜けることができたら、ほかの人には得られない体験や知識、ものの見方や解決法を手に入れられる。圧倒的にほかの人よりも能力が高くなるんです。

僕自身は、仕事を始めたばかりのころに起こったトラブルが忘れられません。住宅の設計を手掛けたクライアントさんから、大クレームを受けてしまったのです。自分としては誠意をもって進めてきたのですが、ある小さなミスをきっかけに怒らせてしまい、怒りが怒りを呼ぶ……という感じで収拾がつかなくなってしまいました。

逃げ出したいとも思いましたが、怒らせてしまった原因に自分は関与しているという事実が、逃げようとする気持ちのブレーキになった。自分たちはよかれと思って一生懸命につくったけれど、実際にイヤな思いをしている人が目の前にいる。だから他人事にしてはいけない。そう思って、相手の怒りをとことん付き合うことを決意したんです。話し合って何度も確認をし直して、やれることはすべて全力で対応した。そのかいあって、時間はかかりましたが納得してくれて、最後にはファンになってくれました。このトラブルを経験して以降、逃げないことで得るものは大きいと信じられるようになった気がします。

さて、そんな僕が考える、逃げ出したい人への処方箋は、「問題は、解決できることしか起きない」と信じることです。

トラブルの原因も、ストレスの要因も、今の自分が関わっている世界で生まれたもの。自分が抱えているものにふさわしい容量の問題しか降りかからないはずなんです。10万円しか持っていない人には10万円の問題しか降りかからない。1億円の問題は起きえないんです。だから、どこかに解決策はある。必ず解決できる。僕はそう信じています。

その瞬間は苦しいけれど、逃げ出すよりも巻き込まれてしまったほうが精神は安定し、経験は自信にも自慢話にもなる。逃げない勇気を持ってください。

10

「あの人が嫌い」の処方箋：イヤがるところにチャンスあり

職場でも仕事関係でも、なんだかウマが合わないという人が出てくることがあります。仕事上はいいけど、友達にはなれないとか。

そういう場合の処方箋は「好きになる」です。疑似的にでも好きになる。演技でもいいから好きになる。ある意味、自分をだましてでも「好き」と思い込んでみるんです。「エーッ、無理無理」と思うでしょう？　でも、これが意外と効果的。ダメ元でいちど試してみてほしいですね。

いちばん簡単なのは、相手のいいところを見つけること。どんなヘンな人でも「こういうところは素敵かも」という部分を無理やり見つけることです。すごくイヤなヤツだけれど、味方にしたら逆に心強いとか、ヘンクツだけど仕事は早いよねとか。イヤをイヤなままで過ごすより、イヤだけど好きになってみたほうが未来があります。

若い部下との価値観の違いにイライラすることもあるでしょう。でも、こちらの価値観が正しいとは限りません。若い子に言わせれば「なんでもっと効率的なやり方を選ばないの？」となるかもしれない。

僕の世代は汗をかいたほうがえらいと思いがちだけれど、若い世代は、僕らの数倍もコンピューターを操る技術をもっていて、汗を一滴もかかずにすごいものをつくる能力だってある。そこは認めてしまったほうが自分もラクだと思います。

あるいは、イヤな人でもその人のために何かしてみる。それで「ありがとう」って言われたら悪くない気持ちになるかもしれない。ちょっと理想を言い過ぎかもしれませんが、「結果的には自分のためになる」ぐらい割り切ってみるのもいいと思うんですよね。すべて自分の問題なんです。相手がイヤでストレスを感じるなら、相手を変えるより、自分が変わるのがいちばん早い。

・・・・・・

人は放っておくと好きなものしか見ないものです。唐揚げが好きな人は毎回唐揚げを頼んでしまうから、それ以外のおいしいモノに巡り合うチャンスを逃してしまう。だとしたら、日ごろのルーティンをいかにやめるべきかを考えたほうがいい。できるだけ同じことをしないクセを付ける。同じものを選ばないよう意識する。そうすれば新しいものに出合う確率も各段に高くなります。

嫌いなものというのは、自分が持っていないもの、選んで蓄積してこなかったものだから、新しい世界に出合う率をぐんと増やしてくれる。今の自分の世界を確実に広げてくれるんです。あなたがイヤがるモノ・場所・人には圧倒的チャンスがある。それは絶対のデフォルトです。「人生がうまくいかないなー」なんて悩んでいるとして、もしかしたらその突破口は「嫌いなもの」かもしれません。そう思うと、「嫌いなもの」「嫌いな人」がなんだかいいものに感じられませんか？

……

写真（P．147）は広島の個人住宅です。この家のお施主さんが事務所にやってきた

2007年に竣工した広島の個人住宅。大胆で型にとらわれない施主の個性をうまく生かし、ソリッドで斬新なデザインを完成させた。外壁には、住宅にはあまり用いない造船用の防水塗装材を使用している。

のは２００６年。ちょっとヤンキーっぽい車に乗ってきたんですね。事務所内でも少しだけ敬遠するような空気が流れた。でも僕は、今の時代にあのヤンキー車に乗れるということは、誰の意見にも左右されない自分の強い意志を持った人だ、と考えを切り替えたんです。実際に打ち合わせを重ねてみると、「今まで世の中で使ってない素材やアイデアを使ってほしい」とか「新しいやり方にチャレンジしてくれ」という話がバンバン出てきて、とても自由でおもしろい。「これは来たな！」とうれしくなりました。

完成した家は、黒と白でとても男っ

ぽい感じになりました。造船に用いられる吹き付け防水塗料を使うことで、ソリッドで個性的な外観に仕上げています。住宅にはほとんど使わない素材と技法にチャレンジさせてもらったおかげで、斬新な造形ができた。このお施主さんとは今も親しく付き合っていますが、あの時に「苦手かも」と逃げていたら、新しい挑戦はできなかったでしょうね。

わざと読み違えたほうが勝ちだな、と思います。僕はあの時、ヤンキーっぽいところを男らしいと読み違えた。際立った個性も新しいものに柔軟だと読み違えた。〈サポーズデザインオフィス〉を共同主宰する吉田愛（普段はまったく僕のことを褒めない）も、この時ばかりは「今回の谷尻はさすがだった」と褒めてくれました。

現状に不満を言うだけでは何も変わらない。いったん自分をだましてでも読み違えてでも、自分の見方を変えてみる。もしもその技術を身に付けられたら、仕事をするうえでの大きな武器になるはずです。なぜなら、場所にも条件にも関係なく結果を出せる人間っていうことの証だから。

「この人、嫌い」を武器にできたら、もう無敵です。

11 ねたむ／ねたまれるの処方箋：モテる／モテないに変換してみる

「嫉妬されないですか？」

建築以外の仕事をあれこれ手掛けていたり、よくメディアに取り上げてもらったりするせいか、こう聞かれることが少なくありません。

はっきり言って、嫉妬されるのもいいことだと思っています。ベンチマークにされるということは、気にしてもらっているんだと解釈しています。

嫉妬されないようにと気を使ったり意識したりすることもありません。心の中でひっそりと「それだけ努力してるからね」って思うだけ。性格が悪いのかな。

でも若いスタッフには、「僕はこれだけのことをやってきた」というようなことを言ってしまうこともあります。それは自慢ではなくて、スタッフにもそうなってほしいから。

僕、同業の人にはもっともっとよくなってほしいと、本気で思っているんです。

昔、〈ＮＩＫＥ〉が「スポーツ人口を取り合うより、スポーツ人口を増やそう」という思想を掲げていたことがあって。聞いた時にハッと目が醒めました。それ以降ずっと言っているんです。「（設計者同士で）建築好きを取り合うより、建築好きを増やしたい」って。建築業界全体がよくなれば、その恩恵は自分にも必ず帰ってくる。

何より、自分のことだけを考えるのはモテないと思いませんか？　誰だって人にモテたいでしょう？　モテるかモテないかは、何かをジャッジする時のとても大切な基準だと思います。人をねたんだりねたまれたりすることに悩んでいる人は、モテるモテないに変換するといいですよ。ねたんでいる人は絶対モテないし、ねたまれている人はモテているんだから堂々としていればいい。だから仕事も、できれば人間性で頼まれたいと思っています。できあがったものを見て頼まれるより、人間性で頼まれたい。

みんな、いい作品をつくったらいい仕事が来ると思っているけど、やっぱり人柄で頼まれるようにならないと最後までは生き残れない。過去の作品という実績があることによる安心感も大切ですが、最終的には「あなたに任せたい」という信頼をもって頼んでほしい。つまりは「モテたい！」ということなんですけれど。

COLUMN

これからの仕事を楽しくする谷尻誠の格言

「ウソは嫌い。でも
人をやる気にさせるウソならつく。」

オン／オフは切り替えない。
プロジェクトごとにアタマを切り替えない。
仕事も遊びも、
人生をよくするためのものだから。

「悪口は言わない。
口に出す時はギャグまじりにする。」

「手入れ」を続ければ、
いいものが「手に入る」。

真似することは学ぶこと。
すなわち「真似ぶ」こと。

人の心をつかむのは
「やすい」より「たい」。
「使いやすい」より「使いたい」
「食べやすい」より「食べたい」が
欲望に火を付ける。

「ライバルはスティーブ・ジョブス。
建築家をライバルにしても、
建築業界はよくならないし、
新しいパラダイムシフトも起こらない。」

第4章

もっと上手に働きたい

――仕事を広げる、時間をつくる、セルフブランディング術。

今の仕事の幅をもっと広げてみたい。
時間や人との付き合いも
上手くコントロールしたい。
自分をもう一歩高めるための
谷尻流アドバイスを伝授します。

社食堂
社食堂

1

谷尻流バスケ理論 1

味方が取りやすいパスなんて意味がない

今のところ好きな仕事に就けている。やりがいもまああって満足だ。そういう人が次に思うのは、もっと上手に働きたいということではないでしょうか。「やりたいことはたくさんあるけれど時間がない」とか「仕事の幅を広げたい」とか。

ここでは、30名以上のスタッフがいるイチ企業のまとめ役として、やりたいことを実現したり、仕事の幅を広げたりするために大切だと思っていることを伝えます。

それは、「スタッフと同じことはしない」です。

ウチの事務所ではたくさんのプロジェクトを抱えています。それぞれのプロジェクトで僕自身がやりたいこともあるし責任もある。でも僕がいちいちプロジェクトの担当者と同じことをしてしまったら、会社の未来がなくなってしまう。現状の情報や案件はメールや社内フェイスブックでみんなと共有しつつ、僕自身は未来を考え方向を示す役割を果たさないといけないように感じています。

そんな時によく思い出すのが、高校時代にバスケットボール部の監督に言われた「味方が取りやすいパスなんて意味がない」というコトバです。

・・・・・・

小中高と勉強は超落ちこぼれだった僕も、バスケだけは一生懸命やっていました。ポイントガードというポジションで、ゲームメイクと点数取りの役割を担っていたのですが、あるとき味方へパスを出したら、監督にめちゃくちゃ怒られたんです。「おまえ、なんでそんなパス出してるんだよ！」って。僕は味方が取りやすいようなパスを出したつもり（普通、そうしますよね）なのにひどく怒られた。最初は意味がわからなかったのですが、話を聞いて納得しました。

監督いわく「味方が〝今いる場所〟へパスを投げても仕方がない。〝いてほしい場所〟へパスを出せ。その場所に人がいなくても、おまえが理想とする場所へパスを出せ。おまえが理想とするプレイを周りがいち早く察して動けるように、普段から、人がいてもいなくてもいいからそこへ投げ続けろ。そうすれば〝谷尻はここにボールを投げるヤツだ〟と周りが理解し、先回りしてそこへ走り始めるから」と。常日頃からそういうプレイスタイルを確立することが大切なんだ、と。

仕事でも同じことがいえるのではないでしょうか。僕もつい、まわりのことを思って、取りやすいパス、親切なボールばかりを投げてしまうのですが、親切で取りやすいということは、考えなくても受け取れるということ。ということは成長しない環境をつくってしまうことになる。その場はいいけれど、それ以上の発展は望めなくなるでしょうね。「僕たちの会社はもっともっと遠くへ行くぞ！」と未来へ向かってボールをパスするようにしていけば、みんながその方向へ走り始めるはず。

僕の役割は、理想とする場所へボールを投げ続けることで、みんなが向かうべき場所を差し示すことなんですね。

「味方がいる場所」「味方がボールを取りやすい場所」へ投げるのではなく、「味方にいてほしい場所」「理想とする場所」へ投げることが大切。

2

サポーズデザインオフィスの社食堂1
「うっかり」を起こす場所

〈サポーズデザインオフィス〉の東京事務所は、ウチが運営する代々木上原の飲食店〈社食堂〉とひと続きのスペースにあります。

〈社食堂〉は設計事務所という「会社」の食堂であり、一般客に開放された「社会」の食堂でもある空間です。半地下の広い空間の真ん中にオープンスタイルの調理カウンターがあり、丼の頭通りに面した半分がカフェ&食堂。奥まった半分が〈サポーズデザインオフィス〉の事務所です。

食堂側には壁一面の本棚があって、建築やデザインの本がメインに並んでいます。店内では、食堂で使っている食器やインテリア小物も販売しているし、壁には買える写真作品も展示されている。日によってはアートの展覧会やポップアップショップも行っています。

お客さんが入ってこない時間帯は、スタッフたちが広々と使えるミーティングルームになる。事務所の一部は親しい写真家やフードディレクターとシェアしているので、何かおもしろいことを思い付いたらすぐ相談できる。外から見たら、いったい何屋なのかわからないかもしれないですね。

住宅ではよく「職住一体型の家」という言葉を使いますが、僕はつねづね「職住近接」の働き方やライフスタイルがいいと考えているんです。いい仕事をするためには生活が豊かであるべきだし、生活が豊かなら仕事もよりよくまわっていく。

職と住は、かつては住み分けすべきものだったかもしれないけれど、今は必ずしもそうじゃない。相反する要素が同居し、しかもきちんと成立している状態はひとつの理想だと思うのです。確かに、いっしょにすると不都合なことや効率の悪いこともありますが、僕は、同居させることで起こる化学反応にこそ新しい創造の鍵があると思う。

・・・・・

オフィス、特に設計事務所というと、整然とデスクが並んでいるイメージがあるかもしれませんが、今や、働き方も時間の使い方もずいぶん多様化しています。スターバックスやドトールがオフィスという人は多いし、電車や飛行機の中でパソコンを開いている人もたくさんいる。カフェも飛行機も、まわりはみな知らない人。空調や設備は快適だし、雑音も入ってこない。そういう場所のほうが集中できるという声が少なくないことは、僕もよくわかります。オフィスの定義が、「その日、その時、パソコンを開いて快適に仕事ができる環境」ということなんですね。

ウチでは、事務所のスタッフには専用のデスクがありますが、僕は部屋もデスクも持っていません。場所を決めてしまうと、気軽に話を聞きに来れるスタッフと、キャラクター的になかなか来れないスタッフが生まれてしまうので、用事があったら僕のほうからスタッフのところへ行く。フロアにはテーブルも椅子もたくさんあるわけですから、僕はその日の気分で好きな場所を選び、パソコンを開く。外部の方との打ち合わせもその日の場所で行います。

・・・・・・・

そんな「社食堂」ですが、ここをつくった目的のひとつは「うっかり」が起こる場所をつくることでした。

ごはんを食べに来ただけの人が、本棚の本を見てうっかり建築のことに興味を持ってしまったり、打ち合わせに来た人がうっかり食器を買ってしまったり。

建築という仕事を通じて関係を築いた人たちだけでなく、建築を知らない人たちにも建築のおもしろさを届けられればうれしいし、ここに来ることで建築家を身近に思ってもらえたらもっとうれしい。人が何かを創造しようとした時、デザイナーや建築家に依頼することがフツウのことになるような状況をつくりたいと思っているんです。本来の目的とそこで起こるできごとが不一致な状態をつくろうと思い、意識的にさまざまなフックを仕込んであります。

自分ではコントロールできない出合い、想像できなかった出合いを、限られた人生の間でどれだけたくさん体験できるかで、日常はいくらでも豊かになる気がします。

だから僕は、「うっかり」の可能性がある場所をつくりたい。社食堂で多くの人に、「うっかり」の罠にかかってほしいですね。

3

谷尻流バスケ理論 2
新しい価値を見つけること

僕は、今までの建築業界が触ってこなかった未開拓の部分に興味があって、それを切り拓いていくことが自分たちの仕事だと思っているんです。

つまり新しい価値を見つけるということですよね。その原点も、やはり高校時代のバスケにあったような気がします。

・・・・・・

「おまえは機械になれ」。

まず監督にそう言われたんです。シュートを確実に決めるために、とにかく何も考えず

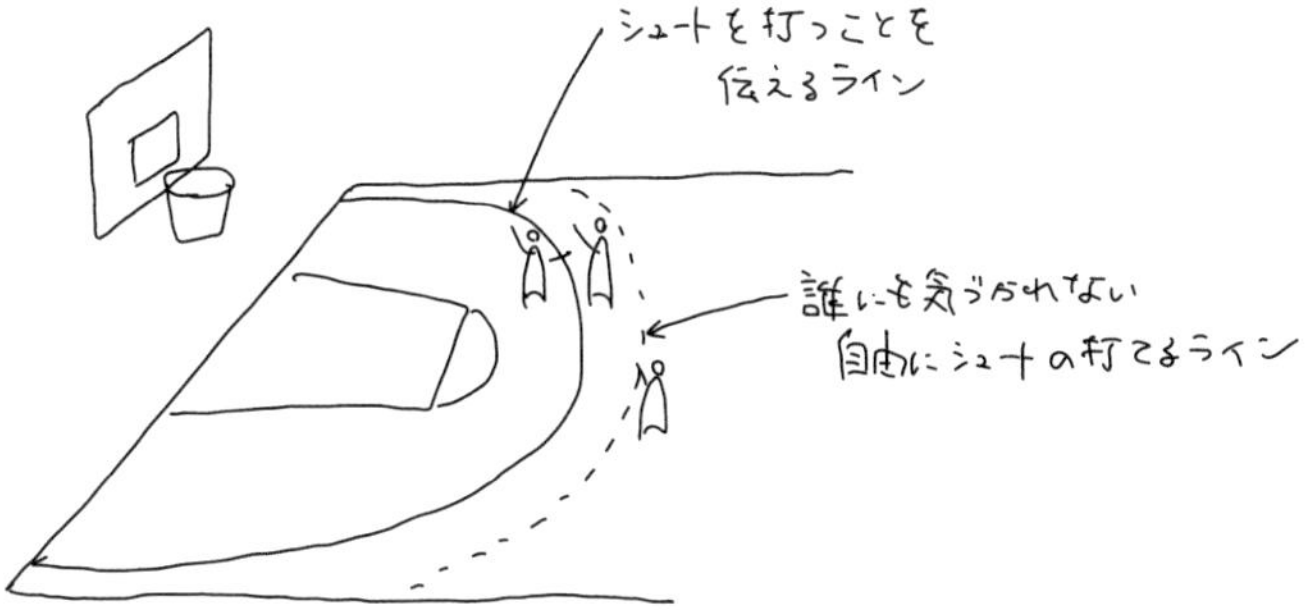

コートに引かれた半円の実線がスリーポイントライン。それより1m外側の点線が、谷尻の発見した自分だけのライン。

に練習しろと。それで毎日居残りをして、スリーポイントラインというラインからシュートを打つ練習をしました。２００～３００本シュートする練習をし続けたら、95%は入るようになった。機械になったわけですよね。考えなくても目をつぶっていてもシュートが入るのだから。

　でも、いざ試合に出てみると敵に邪魔されてまったく入らない。これ、練習しても意味ないじゃんと思って、そこで初めて、どうして邪魔されるのかをアタマで考えてみたんです。そしたら「スリーポイントラインという線は、今からシュートするという意思を敵に伝えてしまう線なんだ」と気付きました。

そこで今度は、スリーポイントラインより1メートル下がったところからシュートを打つ練習を始めました。また居残りの日々が続き、今までより1メートル離れた場所――すなわち僕にしか見えない線――からでも95％は入るようになった。そうしたら試合でも圧倒的にシュートが決まり始めたんです。

一般的には「ゴールに近ければ近いほど有利」といわれるバスケのルール自体を見直してみることで、自分にふさわしいルールを再構築するという体験をしたわけです。

・・・・・・

話は変わりますが、僕が大好きな映画のひとつに『ナイト・オン・ザ・プラネット』があります。主役はウィノナ・ライダー。タクシードライバーの役です。ある時ウィノナはお客さんから「ドライバーを辞めて女優にならない？」とスカウトされる。でも「私は女優なんか興味がない。整備士になりたい」と答えます。一般的な価値観で考えたら女優のほうが華やかでよさそうに思ってしまうんですけど、そんな世の中の価値観よりも自分の価値観のほうが大事だということを、この映画は言っているんですね。

以前は僕も「世の中に評価されるために何かをやろう」みたいな価値観を少なからず持っていたのですが、この映画を見てからは、誰かの評価軸よりも自分が納得できるかどうかの評価軸のほうが大事だと思うようになりました。

結果として誰かに評価されることも大事だけれど、それよりまず、自分が何をよしと考えているかのほうが数倍大切である――バスケや映画から学んだことが、建築の世界に入った時にとても役に立ちました。

建築業界には天才と呼ばれる人もいるし、優秀な方が多い。その中に自分が入って戦わなくちゃならないとなった時に、その人たちの後を追いかけるよりも、自分のルールを再構築したほうがいいはずだ、とバスケのことを思い出したんです。

そうして、まずはスリーポイントラインを1m下がったように、建築業界を少し離れたところから俯瞰してみた。

名だたる建築家は皆アイコンのようなイメージを持っています。例えば安藤忠雄さんならコンクリート、妹島和代さんだと浮遊感、隈研吾さんは木のルーバー。つくっている作品とその人の人間性が、誰もが納得する「イコール」でつながっています。

いっぽうで、僕がすごく好きなのがオランダのレム・コールハース。プリツカー賞も世界文化賞も受賞している建築家です。でも、レムのアイコンを考えた時、有名な作品はたくさん思い浮かぶのですが、安藤さん＝コンクリートのようなわかりやすいアイコンがない。むしろ、社会情勢やその時の空気感に合わせて建築も変えていくという側面が大きいのです。「時代に合ったものをつくり続ける」というレムの哲学は、自分の目指している姿にぴったりとフィットしました。

そして僕は、日本の建築業界で当たり前になっている、建築家のアイコンをマーキングしていくようなつくり方ではなく、時代も土地も予算も違う中で、毎回違うアウトプットをしていくスタイルを目指すようになりました。

若いころは「谷尻は何をやりたいのかわからない」と言われたこともありましたが、20年続けてきた今、〝建築表現は多様であるべきだ〟というこの考えは、時代の空気とも相性がいいように感じています。

・・・・・・

価値観を変えることは、難しいけれど楽しくもある。

例えば、肥沃な土地で野菜を育てたらいい野菜ができそうなことはひと目でわかる。でも言い換えれば、誰がつくってもいい野菜が採れるということです。だとしたら、もしも砂漠でいい野菜を育てられたらパイオニアになれるかもしれない。みんなが「砂漠じゃ無理でしょう」と言えば言うほど、砂漠で野菜をつくることの価値は上がるわけです。

そんなふうに建築の業界においても、みんなが見てないところ、諦めているところを、どうやってすくいあげるのか、どうしたらそこに価値が生まれるのか。新しい価値観を見つけるために、そんなことばかり考えています。

4

外付けハードの多い人が勝ち。ミッション達成率をあげるために

いつも楽しそうに仕事をしている人というのは、その人自身の能力もありますが、実はまわりに、助けてくれる人や専門分野に特化した人、おもしろがってくれる人がたくさんいることが多いように思います。

というのも、僕自身がそういうふうでありたいと思っているから。ひとりで何かの仕事やプロジェクトをコンプリートできるかと聞かれたら、あまり自信はないのですが、その代わり、実現できる人を見つけて連れてきたり、実現させるために何をやったらいいかを考えるのはとても得意です。

例えば、ひとつのプロジェクトを始める時、あえて忙しい人に仕事を頼むこともあります。なぜなら、忙しい人というのは圧倒的に多様な情報量を持っていることが多いから。

何かをスタートさせる時、ひとつのことを深く掘り下げるのもいいのですが、たくさんの情報を集約させたほうが、内容がよくなるし判断スピードも上がることが多い――というのがこれまでの経験から導き出した法則なのです。

・・・・・・

ちなみに僕は、僕にない能力を持っている人やミッションを実現できる人のことを「外付けハード」と呼んでいます。外付けハードが多ければ多いほど、仕事の可能性は広がるし、プロジェクトの実現率も断然高くなるはずです。

ミッションを達成させるための手段は、内蔵ディスクだけじゃない。優秀な外付けハードや最新のアプリをどんどん投入したほうが、クオリティの高いものを生み出すことができるのです。

自分のスペックが低くても、まわりにいいスペックがいればいい。もちろん自分自身も、誰かの外付けハードになれるようでありたいと常に思っています。

5

仕事はすべて持ちまわり——という哲学的仕事術

「いつなんどきも君のことを考えているよ」と言うコトバを聞いて、どう思いますか？

僕が大好きな哲学の本『はじめて考えるときのように』（文・野矢茂樹、絵・植田真／PHP文庫）に、こんなことが書いてありました。

「いつなんどきも君のことを考えているよ」——なんていうワケはなくて、目の前にカツ丼があればカツ丼のことを考えている。君のことは考えていないはずだ。でも、今おいしいカツ丼を食べたという素晴らしい記憶をあなたに伝えたいと思うそのコンディションこそが、「いつなんどきも君のことを考えている」ということなんだ。

だいぶアバウトに説明してしまいましたが、僕は「そうそうコレコレ」と思ったのです。

ウチの事務所でもそうですが、多くの人は常にいくつかの仕事を同時に手がけています。

だから、そのうちのひとつだけを取り上げてみると、どうしても「同時進行しているいくつかの中のひとつ」に見えてしまうんですね。

お客さんからすれば、「自分のプロジェクトに時間を費やしてよ！」という気持ちになるでしょうが、でもそれは〝持ちまわり〟だなと僕は思うんです。

今この瞬間はほかの仕事を全力でやっているから、あなたには迷惑をかけているけれど、別の時間に今度はあなたの仕事を全力でやる代わりに誰かがガマンをすることになる。同じように、ほかの誰かが僕のために全力で仕事をしてくれている時間、誰か別の人がガマンをしているかもしれない。

そして、今はほかの仕事をしていても、あなたの仕事のことは頭の片隅にあって、何かあなたのプロジェクトに生かせないかなと考えている。あなたの仕事をしている時に、ほかのプランに生かせそうなことを思い付くこともある。

すべてが全力で、すべてが「持ちまわり」。すべてに対して「いつなんどきも君のことを考えているよ」なのです。どんな時も、今やるべき仕事に全力で集中すること。〝こっちにも時間を費やしてよ！〟という声があっても、です。大局を見ればそのほうが、「あなた」も「自分」も満足のいく完成度の高い結果を生むからです。

6

谷尻流バスケ理論 3
ひとりでドリブルするな

ある程度仕事ができるようになり、おもしろくなった時に陥りがちなのが「ひとりで全部をやろうとする」落とし穴です。

僕個人は、「最終的な判断は自分で下す／自分で責任をとる」ことを念頭に置きつつも、ひとりですべて抱えるよりは、まわりをうまく巻き込み、まわりの力を借りたほうが、仕事はよりよくなるものだと考えています。企業や集団など志を同じくする仲間といっしょに仕事をする人はもちろんですが、個人でものをつくる人であっても、「まわりをうまく動かす術」は身に付けておくべきです。

「ひとりでドリブルするな」。これも、前述のバスケの監督から教わったコトバです。今いる場所からゴールするまでの間、自分でドリブルしてどんどん走るのがいちばん早いし思い通りに進むはず、と思いがちですが実はそうではないという話です。

いったん仲間にボールを投げておいて、自分はボールを持たずに全力でぐいぐい走り、走り着いた先で「ハイ、返して！」とボールを投げ返してもらう。そのほうが、ひとりでドリブルするよりも早く遠くへ行けるというのです。

確かにその通りで、仕事もいっしょ。自分が理想とする状況、理想とするものは提示するけれど、ひとりきりで向かうのではなく、適度にボールを渡してまわりを巻き込んでいくほうが、実現率はぐっと高まります。

肝心なのは、ただボールを託すのではなく、上手に的確に投げ返してくれるような関係性を日ごろから築いておくことですね。自分だけで何かをやるより、人を上手に動かすほうが何倍も難しい。投げて・走って・返してもらう――がスムーズにいくような訓練を積んでおけば、仕事の幅も可能性も広がります。

7

「行き当たりばっちり」な人になる。
脳みその筋トレが肝心

「あ、今すごくいいアイデアを思い付いた！」と、突然ひらめくことがあるでしょうか？僕はよくあります。突然ふってわいた緊急事態に頭がフル回転し、火事場のバカ力とでもいうべき見事な対処法を思い付いたことがあるでしょうか？　僕は時々あります。それはアタマがいいということではなくて、普段からそうなるように、ある部分を鍛えているからです。

鍛えているのは脳の体質。といってもたいしたことではありません。仕事に直接関わることではなくても、すぐ考えるべき案件がない時でも「こんなことが起きたら、こう対応する」と常につらつら考えているんです。例えば、昨日考えていたのはメールの全送信について。大勢に送信できるって便利だけれど、送られたほうは儀礼的な感じを受けるよなあ。全員に送信しつつ、ひとりひとりに似合うコメントが自動的に入るようなアプリができたらいいのにな……と。

大切なのは恒常的にそれを続けること。日々、学生時代の部活のように考える訓練をしておくこと。試合の時だけ鍛えるのでは意味がないし、問題が起きてから初めて考えるのでは遅いのです。脳みその体質は急には変わりませんが、脳みそを筋トレし続ければ、とっさの判断ができるようになる。そうすれば、どんな仕事も行き当たりばったり……ではなく、「行き当たりばっちり」になれるんですね。

そういえば、「走る時に手を早く振れば脚も早く動く」というスポーツ理論を知っていますか？　走る時、意識的に手を早く動かすことを続けると、そのうち意識しなくても手が動くようになり、ひいては脚も早く動くようになるというもの。つまり、意識の継続の先に無意識があるという理論です。普段から考える脳にしておけば、意識しなくても考えられる脳になる。

脳みその筋トレの話をすると、「そんなにいつも考えてばかりだと、ノイローゼになりませんか？」と聞かれるのですが、意識しなくても考えられる脳になれば、そんなことはまったくありません。

8

時にはワガママになってみる。わざと読み違えて、意見を通す

仕事において、決まりや条件を守ることはとても大切です。というか前提条件です。ですが時には、与えられたお題を、あえて読み違えるのもあり。新しいものが生み出せるなら、それもよしと思います。

画像（P．179）は、広島県の宮島にある弥山《みせん》の山頂に展望台をつくるコンペに声を掛けてもらったときのプランです。

宮島といえば世界遺産。調査のために現地へ出かけ、展望台の建設予定地から景色を眺めていたら、これはもう展望台などいらないのではないか、と思うほど素晴らしい眺めだったのです。もちろんなんらかの建物は設計しないといけないのですが、「何もないのがいちばんいい」というコンペにあるまじき印象を持ってしまったことは事実でした。

広島県・宮島の弥山に計画された展望台のプロポーザルに出した案。「和風の建築物」というテーマに対し、谷尻は「景観と調和する透明な建物」を考えた。

さて、コンペには要項というものがあります。コンペに参加してプランを考えるうえでの決まりごとです。そこには「和風の展望台」と書かれていました。

僕はここで読み違えをした。「和風の展望台」の本質は何だろうと考え、それは「和風建築を設計すること」ではなく「景観と調和する設計をすること」だと読み違えたのです。そして考えたのが、透明な建物。透明ならば風景とも調和するし、要項にも反していないはずです。

次に考えたのは、透明の本質とは何だろうということ。ガラスやアクリルを使えば透明ですが、それは建築基準を満たさなかった。やがて思い至ったのが「透明な水のある風景」です。山間を清川が流れる水景は透明感に満ちている。何もないのが透明なのではなく、透き通って向こう側が見える状態が透明なのだと気付いたのです。

こうして提案したのは、船などに使われる「エキスパンドメタル」というメッシュ状の鋼材を使った展望台。学校の屋上などで経験したことがあるかもしれませんが、メッシュの向こうの景色を見ようとする場合、目の錯覚が起こります。メッシュに近付くと建物としての輪郭がくっきりと際立ち、メッシュから離れるとメッシュ自体はぼんやりかすみ、景色だけが際立ってくる。建物を外側から見る時も、遠くからだとぼんやり霧がかったようなものだけが見える「透明」な状態。近付いて初めて、柱と梁を持つ建築物だとわかるのです。

プレゼンでは、この透明な建物こそが「景色と調和する和風の展望台」だというふうに提案しました。結果は落選で、勝ったのは要項通りの、いわゆる和風の展望台でした。

負けてしまいましたが、とても気に入っています。ワガママを貫いたことで自分でも予想しなかった新鮮なプランが生まれたわけですし、このアイデアは違う機会に使えるとも思っています。

「透明な建物」を実現するべく、メッシュ状の建築素材・エキスパンドメタルを使うことを考案。近付くとメッシュの輪郭が際立つ（写真・左）が、少し離れると輪郭がぼやけ（写真・右）て「透明」になる。

展望台の壁全面にエキスパンドメタルを使うことで、遠くから眺めるとぼんやりした「透明の建物」に見え、山を登る＝建物に近付くにつれて少しずつ建物の存在が現れる……というプラン。

9

サポーズデザインオフィスの社食堂 2
いい職場をつくる「オカン」マインド

〈社食堂〉はもともと、社員がお昼ごはんを食べる場所をつくりたい、と考えたところから始まりました。スタッフから「体調が悪い」とか「太った」という声をよく聞くようになったことがきっかけです。聞けば、できあいの食事をとっている人が多く、コンビニの弁当やパンばかりという人もいた。

これではダメだな、何かつくらなくちゃ、せっかくなら手づくりのごはんを食べられる飲食店を開くしかない……という流れでできたんです。

メニューはひと言でいうと「オカン料理」。社員は会社の子どもで、子どもが好きなものだけを食べていると健康管理ができません。「野菜食べなさい」「煮物食べなさい」と、無理やりにでも身体にいいものを食べさせるオカンが必要だと思ったのです。

東京・代々木上原の〈社食堂〉で。提供される定食は、ごはんとみそ汁に日替わりのおかずを合わせたバランスのいい“オカン料理”。

始めた時はよく、「飲食店なんてやっても儲からないでしょう?」と言われました。ですが、答えはひとつ。人間の細胞は日々食べるものでできている。僕らはデザインをする会社なので、細胞をデザインするために食堂をつくったんです。忙しくてコンビニ弁当ばかりを食べ続けて、身体の細胞がコンビニ弁当でできてしまったらイヤですから。

そんなわけで、社食堂の看板メニューであり、社員の昼ごはんでもある日替わり定食は、栄養バランスのとれた「オカン料理」です。肉か魚は選べますが、ほかはごはんとみそ汁と小鉢の、ザ・定食1100円。

オフィスでは、午前中のうちにひとりひとりが「今日は魚か肉か、どっちにする？」の点呼を受けます。昼の決まった時間にみんなでいっしょに食べる。オカンはメニューも食事の時間も選ばせません（ちなみにメニューには、〝浮気用〟のカレーやどんぶりものもちゃんとあります）。

みんなで食べるので、昼ごはんの時間がなんとなくミーティングのようになることも多い。それがとてもいい感じです。普通に会議をすると、仕事のことしか話題にならないものですが、ごはんを食べながらだと、仕事の話とたわいない話が混在します。アイデアの出方も変わるし、こういう場でこそ仕事の本質が見えてきたりするものなのです。

昼食の基本は定食だが、たまには浮気もOK……と別メニューも用意されている。いちばん人気はオリジナルキーマカレー。

COLUMN

すぐ使えるプレゼン術 2

焦ることもプレゼンのひとつと割り切るべし

焦ってアタフタすることも、緊張することもマイナスではありません。原稿を丸暗記したかのごとく流暢に話せる人より、一生懸命話す人のほうが印象がいい。「ごめんなさい、すごく緊張しています。緊張しすぎて間違えました」って言えば、「誠実なんだな」「ああ、それくらい思い入れがあるんだね」ってなりません？　僕が審査員なら絶対そう思います。焦ってしどろもどろになることも、ある意味、熱意のプレゼン。そのくらいの気持ちで臨めたらもうけものです。

僕自身の経験を思い返すと、緊張し過ぎて限られた時間をうまくコントロールできず、悔しい思いをしたプレゼンもありました。でも制限時間を気にし過ぎると、「今回のプロジェクトではこんなことを伝えたい」という使命と、「2分で言葉をまとめなくちゃいけない」という使命、ふたつの仕事が生まれてしまう。仕事がふたつになった瞬間、集中力は必ず欠落します。

だから僕は、プロジェクトの本質さえしっかり伝えられればＯＫ、といつも思っているんです。焦ってうまく話せないことより、伝えたい内容の純度が落ちることのほうが、よっぽど残念ですから。

COLUMN

すぐ使えるプレゼン術 3

とりあえずスーツ。つまらないことでマイナスポイントはつくらない

プレゼンの際の服装や髪型は、本当に人それぞれです。正装で決める人もいれば、普段の恰好を押し通す人もいる。僕も昔は「服装や髪型でなんか判断されたくない」と思って、ラフな格好で臨んでいました。それでも勝つのがカッコイイと思っていましたから。けれど最近は、一生懸命考えたいいプロジェクトを実現させるために、なにもわざわざ印象を悪くしなくてもいいと思えるようになった。だから清潔感のあるスーツに短髪が定番です。

プレゼンの内容も同じです。入り口は親しみやすい提案とコンテンツを心掛け、発表はわかりやすく、にこやかに。ダイナミックで過激な提案をする時でも、態度はあくまで上品に。要は、つまらないことでマイナスポイントをつくらないようにするということです。まずは勝とう。自己表現はそれからだ。

でも本音を言うと、Tシャツで勝てる会社になりたい。今はまだ、そこへ行くための過程。〝スーツプレイ〟中です。

第5章

これからの働き方を知りたい！

——キモチのいいお金の儲け方。

どうしたらきちんと稼げるのか。
仕事におけるSNSの活用法は？
働き方が多様化している今、
知りたいのは
これからの仕事の仕方の正解です。

1 なぜフェイスブックになれないの？ 建築事務所が生き残るために

設計事務所はいつまでたってもフェイスブックになれそうもない。

これが2019年現在の正直な感想であり、嘆きでもあります。就職したい企業の一覧に、フェイスブックやグーグルの名前はあっても設計事務所の名前は決して上がらない。建築好きな人は別として、設計事務所とフェイスブックだったら、フェイスブックのほうが働きやすそうだし給料もよさそうだよねって、今はみんな思って当然です。

設計事務所も、ちゃんと収益をあげて、働き方も自由で、魅力的な会社として世の中に認められる存在になるべきだとは思うのですが、日本にはまだそういう事例がないんです。

ウチも、このままだと長い時間働いても安い給料しか払えない建築事務所で終わってしまう。建築業界の人たちは「じゃあ設計料を上げればいいんじゃないの？」と言うけれど、

「いやいや違うでしょう、それだけで本当にいいのか?」とも思うんです。

もっとベンチャー的な思考で設計事務所の未来を考えなくてはいけない。仕事の内容を自分自身で規制せず、自らプラットフォームを立ち上げていけたらおもしろいし、それがこれからの時代に楽しく生き残る術だと思います。

「自分が働きたい会社を自分でつくる」というのは、これからの時代においてとても大事なミッションですが、そのためにはテクノロジーのこともきちんとわかっている設計事務所になるべきですね。

さて、設計事務所の未来を切り拓く方策のひとつとして始めたのが、オリジナルのプラットフォームをつくること。クリエイターの佐渡島庸平さんや〈AR三兄弟〉の川島十夢さんと〈ｔｅｃｔｕｒｅ〉という会社を立ち上げ、今、まさに新しいプラットフォームが完成間近です。ざっくりいうと、建築に使う水栓や照明器具からキッチンや家具まで、あらゆるものをウェブ上でカタログ化するシステム。携帯やiPadで見るカタログです。

設計事務所が建築をつくるために板材や照明、金具などを選ぶ際、実は今でもアナログな手法をとっているところが多いんです。メーカーは新製品が出るたび、自社のカタログを持って設計者を訪ねてプレゼンをする。設計者はプロジェクトが始まるたびに何冊もの分厚いカタログをめくって部品を決め、メーカーに連絡をして在庫を確認し取り寄せる。そういうことをコツコツとやっていて、見ているだけで両者ともすごく大変。設計者とメーカーのそういうやりとりを簡略化するのが、双方にとっていいことに違いないと思ったのも、カタログシステムを計画したきっかけのひとつです。

シミュレーションしてみましょう。雑誌のインテリア写真にチラッと映っている照明器具が気になるけれど、メーカーもブランドもわからない。そんな時、スマホのARを起動させて写真の該当部分にかざすだけで、その製品のメーカーや品番がポップアップされ、さらにはメーカーへカタログ請求をしたり購入サイトへ飛ぶこともできる。

デザインの仕事に就く人にとっても一般のインテリアファンにとっても、純粋に便利なプラットフォームになるはずですが、いちばんの特徴は「情報までたどりつくスピードが速い」ことだと思います。

今の時代、誰もが検索に時間を奪われている気がするんです。スマホで何でもすぐに調べられるのはいいのですが、同時に、調べることに膨大な時間を費やさざるを得なくなっている。しかも、調べるのにはセンスが必要。調べるのが苦手な人ってPCやスマホと向き合って延々と格闘していますよね。設計事務所にとって本来の仕事は、考えてデザインして作図すること。決して検索が主題じゃないはずです。なのに検索のせいで、どこの事務所でもスタッフは夜遅くまで必死に働いている。

だから僕は、「カメラをかざすこと＝調べること」という新しいスタイルをつくろうと考えたんです。このシステムによって、誰もが同じように、早く確実に調べられるようになる。いろんな設計事務所のスタッフが、早く仕事を終えて家に帰れるようになる。

もうひとつの特徴は、どんな人が何を検索し、何をどれだけ問い合わせたかがデータ化され、数値として目に見えること。このシステムではつまり、僕ら設計者が全国の設計者に、メーカーの商品をプロモーションすることになるわけです。アクセスや実績や反響を数値化することで、僕らはそのメーカー商品のディスカウントを受けることもできるし、メーカー側はこのプラットフォームに自社製品を登場させる権利を買うこともできる。広告主やメーカーにとってターゲットが明確に見えるから、雑誌などに広告を出すよりも、ずっと安くダイレクトに宣伝ができるのです。

このプラットフォームは2019年秋にリリース予定。いつまでもフェイスブックになれない日本の設計事務所の、明るい未来を切り拓く鍵になると信じているのですけれど。

2

伸びるのは「利他的」な新人。サポーズの人材育成法

ウチは独立するまでの期間は決めていません。早い子は2、3年で独立します。募集はそれほど頻繁にはしていないけれど、自主的に応募してくれる人は時々いるのでその中から採用します。採用する決め手はインターンに来て活躍した人。活躍した人というのは、気が利くとか、案をどんどん出すとか、頼まれたり言われたりしたことよりも積極的に関わろうとするとか。そういうことです。もっといえば、スタッフからの評判がいい子ですね。

インターンには、できるだけ来てもらうようにしています。そうじゃないと人となりがわからない。大切なのは〝人となり〟ですから。一度、有名事務所に勤めていた子がインターンに来たことがあって、確かに仕事はできるのですが、スタッフの評判がよくなかっ

た。話を聞くと、まわりの人に気を使えないし優しくない。自分の仕事はきちんとするけれど、まわりが困っていてもあまり気にしない。

それでは困るんですよ。ウチの事務所はみんなで助け合っていくスタイルで、誰かが困っていたら手伝うのが当たり前。建築は人のためにものをつくる仕事であり、まわりを喜ばせてナンボの仕事なんです。その仕事に就くならば、利己的じゃダメ。「利他的な人」がいちばんいいですね。

・・・・・・

今は「数字主義」の会社も多いですが、ウチはまったく違う。数字で評価すると、設計料がいいプロジェクトに関われた人がいい評価になるから、そういう評価軸はないです。それよりも、完遂したプロジェクトの難易度とか、プロジェクト外の仕事——スタッフの面倒を見るとか——そこが評価軸。あるいは、挨拶するとか掃除するとか、そういうのがいちばん大事なんです。

あるインターンの子は、ヘタでも一年間スケッチを描くという課題を自分に課していて、面接の時に大量のスケッチを持ってきた。あ、こういう向き合い方ができるなら絶対伸びる、と思って、もちろん即採用。今年（２０１９年）から働いてもらう予定です。

・・・・・・

こうして採用したスタッフに、まず僕がどう接するかというと、キホンは仕事を「押し付け」ます。「何かあったら谷尻が手助けしてくれるだろう」と思われてしまったら、仕事はうまくまわっていかない。それは、「仕事をやらされた」のではなく「自分でやった」と自覚してもらうためでもあります。

ただ「押し付ける」だけだと、それこそやらされている感じになってしまうので、「あなたがやらないと、完成しないんだからね」と責任を渡すようにしています。いずれは、ひとりでプロジェクトひとつを完成させていくことだってあるのですから。

そして、「僕の言っていることがすべて正しいと思わないように」と繰り返し伝えています。理由のひとつは、集団に参加している一員であり、集団がつくるものに責任を負う存在だという自覚を持ってもらうため。

もうひとつは、単純に僕のやりかたをチェックし、フォローしてもらうためです。例えば僕は、コンペのプレゼンの際、要項をあんまり読まないんです。要項というのは条件のかたまり。つくる前から条件ばかり気にしてしまうと、企画やアイデアのおもしろさより、条件を埋めるパズルのようになってしまうから。まずは自由に考え、後で要項と照らし合わせるのが性に合っている。

そんなことも合って「谷尻の言うことは絶対じゃない。新人もきちんとチェックに参加する」スタイルを続けているんです。

3 これからの主流は「残る広告」？建築と広告をつなげる試み

今の世の中、広告の概念もどんどん変わってきていますよね。僕たちの事務所でも、新しい広告の在り方を探っているところです。ひとつ言えるのは、雑誌で広告費を払うという時代ではなく、広告の効果が目に見えてデータベースに残るようなものをつくるべきだということ。SNSの広告が伸びているのは、誰がどれだけ記事を見ていたかが数値化できるからであって、ならば何ができるのかな、僕は何がしたいのかな……と考え続けて生まれたのが「残る広告」です。

きっかけは、広告業界の人たちが口癖のように言う、「広告ってすぐ消えるからなあ」というコトバ。「建築はいいですよね、残るから」とよく言われる。じゃあ、残る広告をつくればいいんだなと思って、「アドバタイジング・アーキテクチャー」という概念を打ち立てました。残る建築。建築物としての広告です。

これまでの広告は、写真を撮って記事をつくってポスターや雑誌にして、それで終わり。でも高い広告費を払うならば、これからは必ず何か「モノ＝建築」をつくればいい。そういうコンセプトです。

広告主のブランドは、何か形として残るモノ——建築でもプロダクトでもアートでもうつわでも洋服でもいいんですけど——をつくり、まずは雑誌やメディアに取り上げられて瞬発力的な広告の役目を担わせる。そのあとにモノだけが残り、何かの役に立ちながら、長くゆっくりと走り続ける広告として機能していく。

宣伝したあとに別の用途で使われ方をするところまで設計しておくわけです。そういうモデルケースができたらいいなと思い、今ＨＰをつくっている最中です。

「50年１００年残る広告、つくります」そういう広告会社があったら頼みたくなりませんか？

4

インスタグラムと写真で「罠にかける」

建築家が建築雑誌以外に出ることって少ないですよね。それだと、「建築家に頼みたい」となった時に、名前が挙がってこない。知らないから。触れてないから。それもあって、僕はいろいろなメディアに出ることにしています。「アイツ何やってんだ」と言われることも多いけれど、いろいろな分野で名前を知ってもらえることは大きなプラスです。「そういえばおもしろい食堂をつくっていた人がいたな」くらいでも、思い出してもらえたら、やっぱりそれは大きい。検索される率も間違いなく上がりますから。

インスタグラムも力を入れてやっています。それは、仕事を頼む側の立場になったら、絶対その人のインスタを見るからです。インスタを見て写真がヘタだったら萎えますよね。この人のセンスはちょっと違うかなーと僕だったら思います。頼もうと思えなくなる。

だったら写真もちゃんと撮って、何を上げるべきか何を書くべきかをきちんと考えて、自分の意志もそこで伝わるように工夫したい。

写真はライカでちゃんと撮ったものを取り込んで使っています。カメラは重いけれど、常に持ち歩いている。だって、カッコいい写真を上げておけば、お客さんは必ず罠にかかるはずですから（言い方は悪いですけど）。noteもインスタグラムもフェイスブックもツイッターもマメに更新する。それをやるだけで仕事が来るなら、ラクじゃないですか。フォロワー数が多ければ、この人は信頼されているんだな、頼んでも大丈夫だなって思ってもらえるし。なんて言うのは申し訳ないですけれど、実際そういう時代だと思います。

世の中の人が僕たち建築家を知る仕組みが、今はほぼないんです。賞をとったか、有名な建物をつくったか、もしくはSNSのフォロワー数が多いか……そういう評価軸ぐらい。だったらフォロワー数を稼ぐことがまず必要でしょう。僕にとってのSNSは、自分の存在を知ってもらい、評価を得るためのツール。インスタグラムもツイッターもそのうち世の中から消えるだろうから、依存はまったくしていません。

それから、ホームページも更新しなければ、ただの怠惰な事務所に見えてしまいます。HPは生き物のように扱わないと意味がない、とスタッフにはいつも言っています。

バッグの中身。サングラスは〈モスコット〉。財布は持たずマネークリップと赤い革の小銭入れを愛用。〈コム・デ・ギャルソン〉のポーチ（左下）が名刺入れ代わり。「市販の名刺入れだとパンパンになって角が折れるのがイヤで」と谷尻。〈ニベア〉のハンドクリームと〈イソップ〉のリップクリームも必需品。

リュックは超軽量の〈アイウィル〉。「荷物が重いなーと気になっていて。ある日、中身を全部出してみたら重いのはリュックそのものだった。それですぐ軽いモノに買い替えました」

ノートパソコンとiPadも常に持ち歩く。アダプターなどのガジェットを入れている黒いポーチは〈difott〉。

カメラは長年〈ライカ〉を愛用。インスタグラムなどにあげる写真も一眼レフできちんと撮影する。専用のケースは持たず、ベルベットの生地でできた簡易的な袋でカバー。

5 自分がメディアになる。広告の要らないお金の儲け方&儲けさせ方

建築家に店舗や商業空間を頼むクライアントさんは、「儲けさせてくれ」とは言いません。たいていは「いい感じのものをつくってくれ」としか言わない。でも内心は「この店で儲けさせてくれ」と願っているはずだし、それが正論です。僕はその「儲けたい」にきちんと応えたい。あの人と仕事したら儲けさせてくれるよ、と思われるようになることは、とても大事なことだと思っています。

儲けるために大切なのは、まずつくったものを世の中に広く知ってもらうことです。これまでは誰もがその役割を雑誌やテレビなどのメディアに任せていたけれど、今の時代は自分自身がメディアになれる。だから、つくった空間そのものがメディアになることや、広告的な役目も担うことが必要です。

そのひとつの例が「BOOK AND BED TOKYO」。名前のとおり、本が読める宿泊施設です。

このプロジェクトは、シンプルに「宿泊の施設をつくりましょう」という会議から始まりました。ここで普通は、例えば〈シモンズ〉や〈シーリー〉のマットレスを入れて、枕の種類をあれこれ用意して、環境音楽を選んで……と寝心地のよさについて考えるものなんですね。

でもこの時に僕たちは、「それだけが眠りの提案じゃないよね?」というフックを提示した。「今の時代ならば、コミュニティがある宿泊場所のほうがいい」と持ちかけてみたんです。もちろん、だからといって寝ている隣で騒がれたらイヤですし、誰もが静かにしていてほしいのは大前提。そこで、「みんなが勝手に静かにしていてくれるコミュニティってなんだろう」と考え、「図書館」というキーワードを思い付きました。

図書館をイメージさせる空間ならば、うるさいのは禁止……と注意しなくても、個々人で自分の読書に集中してくれる。静かだから寝る環境にもいいし、本を読みながらの寝落ちも、絶対にみんな経験したことがあるはず。「本が眠りを誘う」というコンセプトは宿泊施設と相性がいい——そう確信したところから、「ブックとベッド」という企画が生まれたわけです。

そして、企画段階の会話の中で出てきたのが、「これってSF映画の『インターステラー』だよね」という発想。『インターステラー』では、本棚の向こうに宇宙があるという空間性が映像化されていた。それなら、「本棚の向こうにベッド」があってもいいだろうし、それこそ映画のように「寝るときに本棚に吸い込まれていく」というシーンも想像できる。さっそく「本棚の向こうにベッドがある」という空間を打ち出しました。

さて、ここからが肝心。もし「本棚の向こうにベッド」をつくったら、宿泊客は何をするでしょうか。たぶん、本棚の向こうに行って写真を撮るでしょう。友だち同士で宿泊する時はなおさらのこと、観光地の顔はめパネルといっしょで間違いなく写真を撮りたくなるシチュエーションです。写真を撮ればSNSにバンバンあげて世界中に〈BOOK AND BED TOKYO〉の存在が広まる。すなわちそれは広告ですから、広告費の要らない広告モデルとなるわけです。今、この施設は全国に6店舗あり、SNSで口コミも広がっているようです。

本が読める宿泊施設〈BOOK AND BED TOKYO〉。図書館のような書棚とベッドスペースを融合させたインスタ映えする空間が、オープン当初から話題を集めた。

6 RING or SOCKS。世の中にないものを探せ

世の中にないものほど価値がある——ある鮨屋の設計に関わった時の話です。これだけ多くの名店がある今の東京で新しい鮨屋をつくるにあたり、一体どういう価値を付帯させればいいのか考えた時、「RING or SOCKS」というコトバがひらめきました。

RING or SOCKS——「1万円の指輪と1万円の靴下、どちらに価値があるように感じますか？　人はどちらに興味を持つと思いますか？」という理論です。たぶん、1万円の指輪はなんだか安いイメージで、1万円の靴下はとてつもなく高価に感じられる。同じ1万円ならば、世の中にないだろう靴下にこそ人は価値を見い出すはずです。

転じて、鮨屋というと世の中的には立派なカウンターがデフォルトですよね。無垢材の一枚板で、何百万円の木材が使われることもある。でも僕は、その価値観に合わせてし

東京・青山に開いた〈鮨よしい〉。無垢材の分厚いまな板や壁のアート、作家もののうつわなどに贅を尽くし、数多ある鮨店との差別化を図った。

まったらほかと差別化できないと思ったのです。だから、カウンターは廃材で、代わりに職人のまな板を贅沢につくろうと提案した。鮨屋のステージはまな板なんです。クライアントさんの意向を汲み、壁には草間彌生さんや杉本博司さんの作品も飾りました。

日本が誇るアートを眺めながら鮨を食べる体験と、数百万の木を使ったカウンターで食べる体験、どちらの価値に魅力を見い出すか。前者を選ぶお客さんは必ずいるはずです。定番を疑い見直したことで、鮨屋＝カウンターという定石から外れたものづくりができた一例です。

7

建築だけにこだわらなかった結果、「新しい建築」の仕事が増えた

建築家に憧れて建築の仕事に足を踏み入れたのが20代のころ。住宅や店舗の設計から始まり、やがて食堂をつくったりお菓子をつくったりアプリをつくったり……と、建築だけにこだわらず、さまざまな場所で新しい価値観を見つけ、カタチにし続けてようやく20年が経ちました。

それらの経験が糧になったのかどうか、ここ最近、建築との関わり方が少しずつ変わってきたような気がするのです。

これまでは「何らかの建物をつくるためのコンペやプロポーザルに呼ばれ、プランを考えて提案をする（そして勝ちとれたらつくる）」という仕事が多かったのですが、最近は「この場所に何を建てて、何をどのように表現するのか……というところから建築を考え

広島県尾道の宿泊施設〈ONOMICHI U2〉。海沿いの古い倉庫を全面リノベーションし、瀬戸内を訪れる観光客やしまなみ海道を渡ってくるツーリストだけでなく、地元住民にも親しんでもらえるスポットとした。

る」仕事が増えてきました。

建築だけにこだわらなかった結果、ぐるっと一周まわって、新しい建築のプロジェクトが目の前に現れたという感じです。

・・・・・・

広島県の尾道にある「ONOMICHI U2」は、古い倉庫を改装した建物に自転車といっしょに泊まれるホテル。デザインだけではなく、僕たちが企画のコンテンツづくりから本格的に関わった初めてのプロジェクトです。

最初から決まっていたのは古い倉庫

〈OMOMICHI U2〉は自転車と一緒に泊まれるホテル。館内の共有スペースには、ツーリストが自転車のメンテナンスをするスペースもある。ディテールまでを細かく指示するために、吉田愛を中心に意匠検討し、サポーズのスタッフが常駐で指示をすることもあった。

を使うということだけ。どんな施設がよいか考えていたとき、「尾道は〝日帰り観光〟の町」だということがわかりました。

広島と四国をつなぐしまなみ海道は自転車で渡ってくるツーリストに人気のコース。けれど、その拠点となる尾道に宿泊する人が圧倒的に少ない。それを知ってちょっとマズイなと感じたのです。宿泊しなければご飯は食べてもお酒は飲まない、お土産も買わない、つまりお金が落ちない町。

そこでホテル、それも自転車で泊まれる施設を考えた。客室に自転車をホールドできるようにしたり、廊下を広くしておいて自転車をメンテナンスするスペースをつくったり。自転車という同じ目的を持つ人同士はなかよくなりやすいから、館内にそういうメンテ空間があったら新たなコミュニケーションが生まれるんじゃないかと考えたのです。

パン屋やカフェのように近隣の人が気軽に訪れやすい店舗を入れることや、広島の名産品である備後《びんご》絣《かすり》をインテリアに取り入れるなど、地元の人に親しんでもらえるコンテンツづくりも意識しました。

また、海と山に囲まれた2000㎡という広い空間を生かし、空調だけに頼らず湿度をコントロールすることで快適性を得るためのシステムも取り入れました。そのほか、備品のデザインからロゴデザインのディレクションまで、徹底的にやり尽くしました。

実はこの「ONOMICHI U2」プロジェクトが完成して以降、「何々をつくってください」というのではなく、「ここで何をやったらいいと思いますか?　いっしょに考えてほしい」という相談を持ちかけられることが多くなったのです。

・・・・・・・

東京・渋谷の「hotel koe tokyo」もそのひとつ。クライアントはアパレルの会社で「ｋｏｅ」というのは洋服のブランドです。が、洋服屋ではなく「ホテルをつくりましょう」という話からプロジェクトはスタートしました。なぜなら、東京において洋服屋がオープンしている時間はだいたい12時から20時まで、つまり営業している時間が８時間くらいなんですね。でも、24時間あるうちの３分の１しか営業していないのはもったいない。24時間をまるごと使えるホテルという空間でアパレルを展開すれば、24時間使ってブランディングができるという発想です。

客室は10部屋と少なめですが、ホテル内にはポップアップショップやレストランがあり、たくさんの人が訪れます。

夜になれば、ショップの洋服はハンガーやバーごと移動し、レストランの家具が取り払われ、にぎやかなライブスペースになる。こういった「時間によって空間の機能が変わる」というスタイルは、昔から日本の民家の得意とするところ。日中は食堂や居間の役割を果たす畳の間が、ちゃぶ台を片付ければ寝室になり、襖を開ければ広間にもなる、そんな空間の多様性を取り戻しながら、渋谷の街に似合う新しい場をつくりました。

ちなみに、客室で最も高いのは１００㎡の部屋で一泊25万円。高価過ぎると反対もされましたが、最上ランクの部屋を1泊8万円にしてしまったらほかのホテルと差別化できない。そこで考えたんです。ネットでホテルを選ぶ人は、贅を尽くした高い部屋の写真を見て「このホテルならスタンダードな部屋もきっといい部屋だろう」と想像するはず。「一泊25万円の部屋があるホテル」なら「一泊25000円の部屋」もクオリティが高いと想像を膨らませ、ポチッと予約するに違いない、と。実際、かなり高い稼働率を誇っているそうです。

僕はそういう「脳内心理」とでもいうべき、脳内の思考のしくみを考えるのが好きなんです。そして、しくみを考えるのに役立っているのは、これまでのさまざまな経験と、それをいちいち意識して頭や心に留めておくクセだと思います。ホテル選びのジャッジを誤って残念な一泊を過ごすのもいい経験ですし、「自分はホテルを予約する時、どんなふうに選んでいるのか」をきちんと意識するのも経験。

人生で経験することに無駄なんてひとつもない、とよく言われますが、本当だなとつくづく感じます。

そして、だったらいろんな経験を、ひとつでも多くの経験を、まわり道でも失敗したとしても新しい経験を、積んでいったほうがいいと心から思うのです。

8

お金ができたらポルシェを買え？ 強い組織のつくり方

忙しければ忙しいほど、考えるべきことがいっぱいあればあるほど、自分ひとりで仕事をしようとしてはいけない。分身をたくさんつくるべきである、というのがウチの事務所の仕事のやり方です。

僕のやり方をまわりのみんなが見て覚えて、すべてのことは、僕以外の人間でも僕と同じようにこなせている。それがクリエイティブな組織だと思います。「谷尻がいないとダメ」というのはダメな組織。もちろん最初は僕の個人技の影響があったのかもしれないけれど、スポーツといっしょで個人技には限界が来る。案件もプロジェクトもどんどん増えていく状況では、自分自身が関われるものにも限界があるんです。

僕がプロジェクトに直接関わることだけが、そのプロジェクトをよいものにするわけではありません。むしろ、僕だけでなくスタッフ全員が同じようにクリエイティブな仕事を遂行できるような組織をつくっておくことが肝心。それが、プロジェクトのクオリティを上げることに直結するのだと思います。

ちなみに、スタッフにはいつも「お金ができたら銀行に貯金するよりポルシェを買え」と言っています。ポルシェじゃなくて時計でもマンションでもいいんですけど。

要は、一年後に買った時の値段よりも高くなっているようなポルシェを選べるよう、自分の目を養え、ということです。銀行にお金を預けて増えるより、もしかしたら最初のうちはお金が減るかもしれない。けれど、確かな目を持てるようになればお金は増えるわけです。

最初は損したとしても、いいものを選ぶ確かな目を養うほうが大切ということ。そういう目を養えない限り、未来なんかつくれない。これは断言できます。

9

理想は「職業・谷尻誠」肩書を付ければ、ふるまいが決まる

これを言うと驚かれるのですが、生涯の仕事はまだ決めていません。でも、もしも今の自分に名前を付けるとしたら、「建築が得意な起業家」だと思っています。2018年くらいからマインドセットしたのですが、建築を軸としながら、いろんなことができる可能性を持っている人というぐらいの意味ですね。

どうして起業家かといえば、いい仕事をしている人の多くが、プロフィールに起業家と書いていて、「そうか、起業家って職業なんだ！」と思ったから。今は建築家も起業家精神を持ってないとダメなんだなと思いました。

肩書が決まると、人としてのふるまいの指針も決まるもの。僕は〈サポーズデザインオフィス〉のほかに、食堂や不動産会社、広島に計画中のホテル、ホテルやイベントを企画

運営する運営会社、それから家具の会社……など、幾つかのプロジェクトを稼働していますが、どの仕事においても、「起業家」としてプランを出したり未来像を考えたりしている部分が大きいように感じます。純粋な建築家というよりは、広告や運営のこと、お金を儲けるしくみのこと、ほかの業種との関わり方まで視野に入れているんです。

あれこれ手を広げ過ぎと思われるかもしれませんが、すべて自分たちがクライアントであり設計者でもあるプロジェクト。例えば運営会社を立ち上げることで、お金の上手なまわし方を理解できるようになれば、それはサポーズという設計事務所の強みにもなるはずです。これらの仕事はまた、自分たちが始めた/やってみたい仕事のカタチをわかりやすく表現するための「リアルポートフォリオ」でもあります。なんだかいろいろやってる事務所だなあと、見て知ってもらえるだけでも意味がある。

・・・・・・

ところで、「起業」のきっかけは、意外と身近なことだったりします。例えば不動産会社の〈絶景不動産〉を立ち上げたきっかけは、ＬＡに住んでいるお客さんから「森の中に家を建てたい」というオファーがあり、いっしょに敷地を探すことになったことでした。

でも、ただ森の中に建てるのではつまらない、フランク・ロイド・ライトの名建築〈落水荘〉のように滝のある土地に建てたらいいんじゃないかと思い、まずはインスタグラムで「滝がある土地を探しています」「滝もいっしょに買える土地、誰か知りませんか？」という投稿をしてみたんです。

そうしたら予想以上に連絡が来て、美しい滝のある土地が購入できることが分かった。実際にはLAのお客さんに「TOO NOIZY！」と言われてしまい、そのプラン自体は没になりましたが、「変わった土地に建物を建てたい人」も「絶景を知っている人」も、世の中には結構たくさん存在するんだなということに気付いたのです。それならば、両者をつなぐ方法論をつくらなくちゃと考えて、絶景の土地・絶景の住宅・絶景の宿泊施設……など絶景ばかりが集まっている不動産屋を始めました。

今はまだ仕事を頼まれる立場で、頼まれる人になるノウハウはそれなりにあるつもりです。でも、これからはそれだけだとダメですね。自分自身で仕事をつくれるようにならないといけません。今の時代、すでにいろいろなものがそろっているし、情報もたくさんある。そこからピックアップして組み合わせるだけでも、なんとなく新しい感じのものはできてしまう。けれど、それでは自分自身の未来をつぶすことにもなりかねない。これからは何でも自分から発信するビジョンを持っておかないといけないだろうと、あらためて痛感しています。

・・・・・・

最後に、将来の夢をふたつ。ひとつは海の近くに小屋を建てて、そこに住みながら仕事をすること。都会よりも田舎が好きなのですが、でも孤立してしまうのはイヤ。みんなに遊びに来てほしいんです。キャンプをしたり海に行ったりみんなでドラム缶の露天風呂に入ったり、そういう遊びも仕事にしてしまえるのが理想です。

結局のところ僕は、住まいの豊かさというのは、外空間にあるとどこかで頑なに信じているんですね。夜になったら星を眺め、夜の川へ出かけて真っ暗な中で釣りをするとか、原始的な暮らしに未来を感じている気がします。

もうひとつは「職業・谷尻誠」になること。業種や仕事の内容は関係なく、何かあった時に「ちょっと谷尻に相談してみるか」「谷尻ならおもしろくしてくれそうだ」と思い出してもらえる人になりたいですね。究極の憧れです。

人生において働く時間がいちばん長いのに、その時間がつまらなかったら人生そのものがつまらないのと同じ。どうしたら働く時間がもっとよくなるのか、仕事が楽しくなるのか。それが「職業・谷尻誠」の一生の課題です。

「何かおもしろいことが始まりそうな時、“谷尻に相談してみよう”と思い出してもらえる存在になりたい。それが“職業・谷尻誠”の理想の姿です」と谷尻。

谷尻 誠
TANIJIRI MAKOTO
建築家／起業家
1974年広島県生まれ。SUPPOSE DESIGN OFFICE Co.,Ltd. 代表取締役。大阪芸術大学准教授、広島女学院大学客員教授、穴吹デザイン専門学校特任教授。共同代表の吉田愛とともに、都市計画・建築・インテリア・プロダクトに関する企画、設計、監理、コンサルティングなどを行う傍ら、社食堂やBIRD BATH&KIOSKを開業、絶景不動産、21世紀工務店、未来創作所、tecture、Bypassなどを起業する。2018年FRAMEより作品集出版。著書に『1000%の建築』（小社刊）、『談談妄想』（ハースト婦人画報社）がある。

CHANGE

未来を変える、これからの働き方

2019年8月26日　初版第一刷発行
2019年9月20日　　　第三刷発行

著　者　谷尻 誠
発行者　澤井聖一
発行所　株式会社エクスナレッジ
〒106-0032
東京都港区六本木7-2-26
http://www.xknowledge.co.jp/

問い合わせ先　編集　TEL 03-3403-6796
FAX 03-3403-1345
info@xknowledge.co.jp
販売　TEL 03-3430-1321
FAX 03-3403-1829

無断転載の禁止

本誌掲載記事（本文、図表、イラストなど）を当社および著作権者の承諾なしに無断で転載（翻訳、複写、データベースへの入力、インターネットでの掲載など）することを禁じます。